Cuentos para niños a la hora de dormir

Relajantes historias y cuentos de unicornios, sirenas, dragones, príncipes y princesas para que su hijo alcance un estado de conciencia y se duerma rápidamente

© Copyright 2021

Todos los derechos reservados. Ninguna parte de este libro puede ser reproducida de ninguna forma sin el permiso escrito del autor. Los revisores pueden citar breves pasajes en las reseñas.

Descargo de responsabilidad: Ninguna parte de esta publicación puede ser reproducida o transmitida de ninguna forma o por ningún medio, mecánico o electrónico, incluyendo fotocopias o grabaciones, o por ningún sistema de almacenamiento y recuperación de información, o transmitida por correo electrónico sin permiso escrito del editor.

Si bien se ha hecho todo lo posible por verificar la información proporcionada en esta publicación, ni el autor ni el editor asumen responsabilidad alguna por los errores, omisiones o interpretaciones contrarias al tema aquí tratado.

Este libro es solo para fines de entretenimiento. Las opiniones expresadas son únicamente las del autor y no deben tomarse como instrucciones u órdenes de expertos. El lector es responsable de sus propias acciones.

La adhesión a todas las leyes y regulaciones aplicables, incluyendo las leyes internacionales, federales, estatales y locales que rigen la concesión de licencias profesionales, las prácticas comerciales, la publicidad y todos los demás aspectos de la realización de negocios en los EE. UU., Canadá, Reino Unido o cualquier otra jurisdicción es responsabilidad exclusiva del comprador o del lector.

Ni el autor ni el editor asumen responsabilidad alguna en nombre del comprador o lector de estos materiales. Cualquier desaire percibido de cualquier individuo u organización es puramente involuntario.

Índice

NOTA PARA EL LECTOR 1
NOTA PARA EL OYENTE 3
CAPÍTULO 1: EL DRAGÓN QUE TOSÍA 4
CAPÍTULO 2: EL PRÍNCIPE Y LA LIBÉLULA 8
CAPÍTULO 3: EL PENDIENTE PERDIDO DE LA SIRENA 13
CAPÍTULO 4: EL TÍMIDO UNICORNIO 17
CAPÍTULO 5: LA CHICA QUE AMABA LOS HONGOS 21
CAPÍTULO 6: EL OSO QUE ERA DEMASIADO GRANDE 26
CAPÍTULO 7: EL PRÍNCIPE QUE NO ERA VALIENTE 30
CAPÍTULO 8: EL SUSURRADOR DE DRAGONES 34
CAPÍTULO 9: LA HISTORIA DE LA COLA ROTA 40
CAPÍTULO 10: LA GEMELA MALA 45
CAPÍTULO 11: LOS TRES HERMANOS TRAVIESOS 51
CAPÍTULO 12: PELOTA DE DRAGÓN 56
CAPÍTULO 13: EL PEZ QUE BAILÓ 61
CAPÍTULO 14: EL CHICO POBRE Y EL DRAGÓN 65
CAPÍTULO 15: REMINGTON LA GAVIOTA 70
CAPÍTULO 16: LAS LÁGRIMAS DE LA SIRENA 73
CAPÍTULO 17: EL ZOOLÓGICO DE LOS DRAGONES 78
CAPÍTULO 18: EL DUENDE Y LA PRINCESA 84
CAPÍTULO 19: LA PRINCESA SENCILLA 92
CAPÍTULO 20: EL ÚLTIMO DE LOS UNICORNIOS 99

Nota para el lector

Esta colección de cuentos infantiles está diseñada para ayudar a poner a su hijo en un estado tranquilo y meditativo que le facilitará un sueño tranquilo. Mucho dependerá de cómo lea estos cuentos y de la actitud que tenga mientras los lea. Sugerimos que anime a su hijo a recostarse de espaldas con los ojos cerrados y a respirar profundamente antes de leer tranquilamente un cuento. Al final de cada historia, deben mantener los ojos cerrados y respirar profundamente media docena de veces para indicar que quieren oír más. Con suerte, se quedarán dormidos mientras usted lee y luego disfrutarán de una noche de sueño profundo.

La vida es ocupada y exigente, y tal vez prefiera tomarse un tiempo personal bien merecido, pero recuerde que son tiempos preciosos. En un abrir y cerrar de ojos, su hijo habrá volado fuera del nido, y usted mirará hacia atrás a estos momentos con cariño, pero también con un elemento de anhelo por ese fugaz momento de inocencia que ahora está disfrutando. Sumérjase en él.

Pocas cosas son más importantes para la educación de un niño que leer y que le lean. Con suerte, les inculcará la pasión por la palabra impresa que llevarán consigo el resto de sus vidas. Lo que está haciendo ahora puede parecer pequeño, pero a menudo son nuestros pequeños actos discretos los que tienen un efecto más duradero.

Nota para el oyente

Estás a punto de embarcarte en una aventura, una aventura que te introducirá en mundos lejanos y en criaturas extraordinarias. No la verás en ninguna pantalla. La mayoría de los dibujos los crearás con tu imaginación. Para ello, para conocer realmente a las estrellas de cada historia, acuéstate en silencio con los ojos cerrados para que ellos puedan visitarte en las profundidades de tu imaginación. Recuéstate, cierra los ojos, respira hondo y espera a que lleguen tus nuevos amigos y que empiecen las aventuras.

Capítulo 1: El dragón que tosía

Hace mucho tiempo, en las remotas montañas del este, vivían muchos dragones. Uno era un dragón muy joven llamado Claudio. Claudio era el más joven de los tres dragones, y anhelaba ser como sus hermanos mayores. Eran más grandes, fuertes y valientes que Claudio. Ellos también tenían un don que Claudio anhelaba desesperadamente: podían respirar fuego.

Debes entender que, para los dragones, respirar fuego es terriblemente importante. Es, después de todo, la cosa por la que son más famosos. Claudio pasaba horas tratando de respirar el feroz y ardiente aliento que tanto anhelaba experimentar. Cada intento terminaba en fracaso, y peor aún, todo ese esfuerzo hacía que Claudio tosiera.

Sus hermanos, por otro lado, podían convocar llamas profundas en un instante. El mayor podía terminar algunas de estas demostraciones de fuego con una impresionante cadena de humo, lo cual lo convertían en un héroe entre sus amigos. Por supuesto, todo esto de respirar fuego no estaba exento de problemas. Una vez, uno de los hermanos de Claudio respiró fuego dentro de la casa, lo que su madre le había ordenado estrictamente no hacer. Las cortinas se incendiaron, y si no fuera por la rápida reacción de su padre, toda la casa podría haberse quemado. Su hermano estuvo en problemas durante semanas después de eso, pero aun así, Claudio seguía sintiendo envidia. Si tan solo, pensaba para sí mismo, podría respirar solo una pequeña llama. No tenía que ser enorme o peligrosa, solo lo suficiente para probar que realmente tenía las cualidades de un verdadero dragón.

Día tras día, vagaba por las montañas solo y trataba de forzar que saliera una llama de su boca. Pero nada. Ni siquiera una chispa o una pequeña brizna de humo. Todo ese esfuerzo le costaba mucho a Claudio, su tos empeoraba, y le dolía la garganta. Además, estaba seguro de que los otros dragones se burlaban de él a sus espaldas.

Anhelaba jugar con sus hermanos mayores y sus amigos, pero siempre le decían que era demasiado joven o que era una molestia. Incluso cuando su madre insistía en que se lo llevaran, ellos se escabullían dejándolo atrás, y se encontraba solo otra vez con su dolor de garganta y su pequeña y triste tos.

Un día, cuando sus hermanos se fueron a jugar y lo dejaron atrás, Claudio no pudo soportarlo más, y se sentó sobre una roca y se puso a llorar. Lágrimas de dragón gigante rodaban por sus mejillas, y deseaba poder hacer fuego, pero todo lo que podía hacer eran lágrimas.

Cuando levantó la vista, vio a un viejo abuelo dragón cerca observándolo.

—¿Por qué estás tan triste, pequeño dragón? —preguntó.

—Quiero respirar fuego —sollozó Claudio en pequeñas respiraciones entre cada sollozo.

—¿Y cómo has estado tratando de respirar fuego? —preguntó el viejo dragón.

—He estado soplando y resoplando y respirando y exhalando, pero todo lo que hago es toser.

—Mmm —respondió el viejo dragón—. Creo que ya veo cuál es el problema. Te estás esforzando demasiado. Déjame ayudarte. Primero, necesitas relajarte. Eso es lo más importante. ¿Por qué no te acuestas en la hierba y cierras los ojos?

Claudio bajó cuidadosamente de su roca y se estiró en la hierba a la sombra bajo un árbol gigante.

—Así está bien —dijo el viejo dragón—. Ahora, con los ojos cerrados, comienza a respirar profunda y lentamente.

Claudio hizo lo que le dijo.

—Bien. Ahora, sigue respirando pero dime lo que sientes. Debes mantener los ojos cerrados mientras haces esto.

—Puedo sentir la hierba —dijo Claudio, con los ojos suavemente cerrados.

—Eso es bueno. ¿Y qué más?

Claudio necesitaba pensar por un momento.

—Puedo sentir una ligera brisa que sopla.

—Excelente. ¿Y qué puedes oír?

—Puedo oír los pájaros cantando en el árbol que está encima mío.

—Eres bueno en esto. Solo mantén los ojos cerrados y sigue respirando y escucha a los pájaros y siente el viento y la hierba.

Claudio hizo lo que le dijo, pero los pájaros, el viento y la hierba fresca le calmaron tanto que se sintió somnoliento.

—Respira profundamente, pequeño dragón —dijo su compañero con esa voz lenta y profunda suya.

Pronto, Claudio se quedó profundamente dormido. Cuando se despertó, el viejo dragón se había ido, y Claudio estaba decepcionado. Se preguntó si todo había sido un sueño.

Se aclaró la garganta con un poco de tos y, mientras lo hacía, sin esfuerzo, una llama salió de su boca. Claudio finalmente había aprendido a respirar fuego.

A veces, cuando nos esforzamos demasiado, las cosas no salen como queremos. Necesitamos relajarnos y confiar en que todo saldrá bien.

Capítulo 2: El Príncipe y la libélula

El príncipe Osvaldo Leopoldo III era un príncipe muy mimado. Aunque era solo un niño, podía ser muy, muy travieso. En los días malos, tiraba del pelo a sus hermanas, asustaba al gato del palacio y era grosero con la criada. En los días buenos, era el joven y encantador príncipe que uno esperaría de un niño que un día sería rey.

Nadie estaba seguro de por qué Osvaldo tenía días malos. Ni siquiera el joven príncipe estaba seguro de lo que le hacía querer ser travieso. Simplemente lo era. Sus padres, el rey y la reina, estaban desesperados. Estaban preocupados por lo que pasaría si alguien tan travieso tomara el trono. Un rey travieso es algo terrible. No solo se hace impopular, sino que también es cruel con su pueblo, y todo el reino sufre. Desesperados, el rey y la reina enviaron a Osvaldo a ver a todos los médicos del país, pero nadie pudo entender por qué el chico se comportaba tan mal.

El rey y la reina intentaron cosas diferentes. Castigaron a Osvaldo, pero eso no funcionó, así que intentaron sobornarlo ofreciéndole un poni si se comportaba bien. Eso funcionó durante todo el medio día, pero luego Osvaldo se comportó mal otra vez. En esa ocasión en particular, pegó las coletas de sus hermanas y le llevó horas separar a las dos princesas.

Su mal comportamiento significaba que Osvaldo no tenía amigos. Normalmente alguien tan importante como un príncipe tendría docenas de niños con los que jugar, pero no Osvaldo. Los padres inventaban excusas diciendo por qué no podían enviar a sus hijos a jugar al palacio. Esto molestaba al rey y a la reina, pero tenían que admitir que no podían culparlos por mantener a sus hijos alejados de alguien que podía ser tan travieso como cruel.

Esto significaba que Osvaldo pasaba mucho tiempo jugando en los jardines del palacio solo. Incluso las princesas se negaron a tener mucho que ver con su hermano. El joven príncipe fingía que no le importaba estar solo, pero en realidad, estaba muy solo. Deseaba ser más amable, pero aunque lo intentaba, no tardaba en encontrar una travesura cruel para hacer a alguien. Él era, decidió, solo una mala persona y tendría que aceptarlo.

Un día, mientras estaba en el gran estanque, vio una mariposa. Había muchas mariposas allí, y le gustaba atraparlas en su red y arrancarles las alas. Se dio cuenta de que era algo cruel y terrible, pero lo hacía de todas formas. Se agachó e intentó acercarse sigilosamente a la desafortunada criatura, pero mientras lo hacía, una libélula pasó cerca de su cabeza, obligándolo a agacharse.

Osvaldo se sorprendió de la audacia de la criatura. ¿No sabía este insecto que era un príncipe real? Se volvió hacia la mariposa, pero apenas comenzó a acecharla, la libélula pasó cerca otra vez, esta vez pasando tan cerca que Osvaldo estaba seguro de que le daría en el ojo. El príncipe estaba furioso. Cambió de táctica. Capturaría a la libélula en su red y le arrancaría las alas en su lugar. Nunca había arrancado las alas de una libélula, pero sentía que esta se lo merecía.

Buscó a su nuevo objetivo, y mientras lo hacía, la libélula le pasó por encima, rozando la parte superior de su cabeza mientras pasaba volando. Osvaldo ni siquiera había levantado su red. Un minuto después, la libélula se cernió justo delante del príncipe, pero cuando Osvaldo levantó su red, el insecto disparó hacia un lado y luego hacia atrás, rebotando en su oreja. No le dolió, pero el orgullo de Osvaldo fue herido. No estaba acostumbrado a ser desafiado, pero eso era exactamente lo que el insecto descarado parecía hacer.

El príncipe levantó su red y se lanzó contra la libélula, o mejor dicho, donde la libélula había estado. Para entonces, la desafiante criatura estaba flotando a solo una pulgada delante de la nariz de Osvaldo, y estaba seguro de que se estaba burlando de él. Enfurecido, hizo otro golpe salvaje, pero la red ni siquiera se acercó a la ágil libélula.

Osvaldo estaba cada vez más enfadado, y mientras lo hacía, sus golpes con la red eran cada vez más desesperados. Ni una sola vez pareció que podría atrapar a este insecto que lo atormentaba. Después de casi una hora de balanceo y golpeo bajo el sol caliente, Osvaldo estaba exhausto, y se sentó en el prado. Inmediatamente la libélula se posó sobre una hoja de hierba que estaba fuera de su alcance. Allí la libélula se frotó los ojos con sus patas delanteras de la forma en que a las libélulas les gusta hacerlo. Osvaldo pensó en darle un último golpe pero estaba demasiado cansado, así que se recostó en la hierba donde pronto se durmió.

Osvaldo pasaría el resto de su vida preguntándose si lo que pasó después era real o solo un sueño. La libélula voló en el aire y luego aterrizó en el oído del príncipe.

—¿Cómo te atreves? —gritó—. ¿No sabes quién soy? Soy un príncipe real y heredero del trono.

—Para mí, solo eres un niño cruel al que le gusta jugar malas pasadas y arrancarle las alas a las mariposas —dijo la libélula.

—Podría hacer que te mataran por hablarme así —dijo el príncipe.

—Matar —se rió la libélula—. No has hecho un buen trabajo hasta ahora.

—Podría hacer que cien jinetes te persigan —gritó Osvaldo.

—¿En serio? ¿Y cómo se verá eso si un principito consentido llegue a casa y ordene a cien jinetes que se ocupen de una pequeña libélula? Piensa en el bien que eso le hará a la reputación del futuro rey.

Incluso en su rabia, Osvaldo se dio cuenta de lo tonto que eso le haría parecer. No sabía qué decir. Parecía que esta pequeña y tonta criatura había sacado lo mejor de él.

—¿Por qué eres tan horrible, de todos modos? —preguntó la libélula cuando se hizo evidente que el príncipe no tenía nada que decir.

—Tengo días buenos y días malos —dijo Osvaldo—. Hoy resulta que es un mal día.

—Me parece que tienes más días malos que buenos —dijo el insecto.

Osvaldo sabía que la libélula tenía razón, pero no quería admitirlo, así que permaneció en silencio.

—¿Podría ser que los días malos sigan a las noches malas? —preguntó la libélula.

Osvaldo frunció el ceño. No había pensado en eso.

—Bueno, supongo que es posible —dijo.

—Sospecho que tus días malos son el resultado de no dormir lo suficiente.

Osvaldo pensó por un momento, y parecía que podía recordar muchas noches en las que apenas había dormido.

—No puedo evitarlo si no duermo —dijo.

—Por supuesto que puedes, y depende de ti tratar de dormir mejor. De esa manera, no tendrás días malos, y puede que solo encuentres amigos, así que no tienes que ser tan cruel y desagradable.

El príncipe pensó en esto durante un tiempo. Desearía poder dejar de tener días malos, y quería desesperadamente tener más amigos.

—No veo cómo puedo obligarme a dormir.

—Bueno, voy a enseñarte un truco. Quiero que cierres los ojos y te relajes.

El príncipe hizo lo que le dijo, pero estaba seguro de que lo que la libélula le decía no funcionaría.

—Ahora, con los ojos todavía cerrados, quiero que empieces a respirar profundamente y despacio.

El príncipe pensó que era una tontería, pero lo hizo de todas formas.

Pasó una hora antes de que el príncipe finalmente despertara del sueño más profundo que pudiera recordar. No había ninguna libélula, pero el príncipe se sintió renovado y feliz para variar. Se preguntaba si era verdad y si la falta de sueño estaba realmente detrás de todos los malos días que había tenido.

El príncipe durmió mucho mejor después de eso, y los días malos se detuvieron. No volvió a ver la libélula, pero tampoco sintió la necesidad de arrancarle las alas a las mariposas, ni de asustar al gato, ni de pegar las coletas de sus hermanas. Se convertiría en un rey maravilloso; uno que siempre se preguntaría si había hablado con una libélula o solo había tenido un sueño maravilloso.

Capítulo 3: El pendiente perdido de la sirena

Mindy era una sirena muy bonita que era la niña de los ojos de su padre. Mimaba a su pequeña hija, pero al mismo tiempo, se mantenía muy estricto. Un día para su cumpleaños, su padre le regaló a Mindy un par de carísimos y muy bonitos pendientes de perlas. Mindy amaba esos pendientes más que a ninguna otra de sus posesiones. Sin embargo, los pendientes venían con instrucciones estrictas de su padre. Solo debía llevarlos en ocasiones especiales y no cuando salía a jugar con sus amigas sirenas donde podrían perderse.

Había otras reglas que su padre impuso y que a Mindy no le gustaba seguir. No se le permitía, por ejemplo, jugar en el bosque de algas. El bosque de algas era un bosque de algas altas perfecto para jugar al escondite. Las otras sirenas a menudo jugaban allí, pero para Mindy, estaba estrictamente prohibido.

Hay que decir que a veces Mindy no seguía todas las reglas de su padre. Ocasionalmente se escabullía y se reunía con sus amigas por unas horas en el bosque de algas. Incluso hubo momentos en que Mindy jugaba en el bosque de algas mientras llevaba sus queridos pendientes.

El bosque de algas era un lugar extraño y espeluznante. Estaba lleno de sombras, cuevas de roca y otros lugares oscuros y espeluznantes. A sus amigas les encantaba jugar allí, en parte porque daba mucho miedo. También era el lugar donde vivía Leroy la morena. Leroy era una anguila larga y negra con manchas azul oscuro y una enorme boca llena de dientes en forma de aguja. Las sirenas casi nunca veían a Leroy, pero todas le tenían miedo. El hecho de que estuviera acechando allí, en algún lugar de la oscuridad, hacía que el bosque de algas fuera mucho más emocionante.

Una vez, Mindy y sus amigas jugaron un juego de la pesca en el bosque de algas, y pronto todos se persiguieron unos a otros hacia atrás y adelante a través de las sombras. Perdieron la noción del tiempo hasta que de repente se dieron cuenta de que era más tarde de lo que pensaban, y se dieron cuenta de que era mejor volver a casa. Mientras se reunían para desearse una rápida despedida, una sirena miró a Mindy y le dijo—: ¿Dónde está tu pendiente? Solo tienes uno.

La mano de Mindy voló hacia su oreja, y por supuesto, su amiga tenía razón. Uno de los queridos pendientes había desaparecido. Sintió que su estómago se revolvía. Por un lado, estaba aterrorizada porque sabía que se metería en un gran problema, pero también tenía el corazón roto porque amaba mucho esos pendientes.

—Vengan y ayúdenme a buscarlos —gritó desesperadamente. Sus amigas querían ayudarla, pero como era tan tarde, no podían. Todas sabían que estarían en problemas si no llegaban pronto a casa.

Finalmente, Mindy no tuvo más remedio que dar la vuelta y nadar de vuelta al bosque de algas por sí misma. El bosque era un lugar diferente ahora que estaba sola. Además, se estaba haciendo tarde, y cuando la luz comenzó a desvanecerse, las sombras se hicieron más largas, y todo comenzó a volverse mucho más siniestro.

Mindy se obligó a seguir adelante, aunque estaba desesperada por darse la vuelta y nadar hasta su casa donde le esperaría la cena, y estaría a salvo en los brazos de su familia. Varias veces pensó en rendirse, pero no podía afrontar el hecho de tener que decirle a su padre que había perdido uno de los pendientes que le había dado, uno de los que le habían dicho que no usara. Además, tendría que confesar que se había perdido en el bosque de algas donde sabía que no se le permitía jugar.

Mindy nadó entre los gigantescos tallos de algas, pero no había rastro del precioso pendiente. Estaba oscureciendo, y se dio cuenta de que si no daba la vuelta y se dirigía pronto a casa, podría perderse. De repente vio una oscura sombra que se deslizaba por el bosque debajo de ella. ¿Podría ser la morena Leroy, de la que todos los niños estaban tan asustados? La sombra se desvaneció, y Mindy se preguntó si se lo había imaginado.

Solo pensar en Leroy la asustó, y ya estaba bastante asustada. Decidió que se rendiría e iría a casa. Si tenía suerte su padre no notaría que le faltaba el pendiente, y que podría escabullirse al bosque al día siguiente y buscar de nuevo. Habría más luz del día, y tal vez algunas de sus amigas la ayudarían.

Mientras salía del bosque, miraba nerviosamente por encima del hombro para comprobar que Leroy no la seguía. Estaba casi fuera del bosque donde estaba un poco menos oscuro cuando de repente, la fea morena apareció. Había oído hablar mucho de Leroy pero nunca lo había visto, y ahora estaba aquí, justo delante de ella. Era aún más feo y más aterrador de lo que Mindy había imaginado que sería. Su cara era feroz, y la piel gruesa alrededor de su cuello era dura y arrugada. Lo peor de todo, su boca estaba llena de filas de dientes largos y afilados. Mindy estaba convencida de que estaba a punto de ser comida viva cuando Leroy habló.

—¿Has perdido un pendiente por casualidad, sirenita? —preguntó.

Mindy estaba tan asustada que no podía hablar. Todo lo que pudo hacer fue un breve asentimiento de su cabeza.

—Sígueme —dijo Leroy—. Te mostraré donde lo dejaste caer.

Mindy no estaba segura de todo esto. ¿Podría ser una trampa para llevarla de vuelta al bosque de algas y hacerle daño?

Leroy la miró y luego volvió a hablar—. Sé que ustedes me temen. Es porque soy muy feo. No hay mucho que pueda hacer al respecto. Pero significa que me siento terriblemente solo. Por eso me escondo cuando ustedes vienen a jugar al bosque de algas. No me gusta asustarlas, pero me gusta tenerlas allí. No oigo muchas risas cuando estoy solo.

Mindy no sabía qué decir. De repente sintió lástima por la vieja y fea anguila, y ya no parecía tan aterrador. Lo siguió de vuelta al bosque, donde rápidamente le mostró el pendiente que estaba en un trozo de arena en el fondo del mar.

Cuando ella se lo puso, él volvió a hablar—. Está oscureciendo. Creo que será mejor que te saque del bosque, para que no te pierdas. —nadó delante de ella y rápidamente guió a la sirenita fuera del bosque.

—No sé cómo agradecerte —dijo ella mientras llegaban al borde del bosque.

—Ni lo menciones, jovencita. Me alegro de haber podido ayudar.

Mindy empezó a nadar hacia su casa, pero luego tuvo una idea y se volvió.

—Leroy —dijo—, si mis amigos y yo volvemos aquí mañana o al día siguiente, ¿estaría bien si te visitamos?

De repente, la vieja anguila tenía lágrimas en los ojos.

—Jovencita —dijo con una voz un poco ronca—, nada me haría más feliz.

Más tarde esa noche, mientras estaba en la cama, Mindy sintió que se quedaba dormida, y tenía una sonrisa en su cara mientras lo hacía. ¿No se sorprenderían sus amigas cuando les presentara a su nuevo amigo?

Capítulo 4: El tímido unicornio

Miranda había oído hablar de los unicornios, pero nunca había visto uno. De hecho, ni siquiera estaba segura de si realmente existían o si eran una historia que los ancianos habían inventado para entretenerla. Un día, ella vagaba por el bosque en busca de hongos. Mientras estaba allí, escuchó un crujido entre los arbustos y miró hacia arriba para ver una pequeña criatura parecida a un poni que corría hacia las sombras. Era de un blanco puro, y estaba segura de haber visto un cuerno creciendo en su cabeza.

Se dijo a sí misma que debía estar imaginando cosas y que era solo un poni blanco. Apenas pudo ver al animal, pero Miranda ya estaba muy emocionada. Lo persiguió por el bosque, y aunque solo lo vio ocasionalmente, nunca se acercó. Con su emoción, Miranda perdió la noción del tiempo y, cuando finalmente se detuvo a recuperar el aliento, se dio cuenta de que estaba perdida.

Asustada, trató de encontrar el camino de regreso a través del bosque. Pronto se dio cuenta de que no tenía ni idea de dónde estaba. Caminó hacia atrás y hacia adelante, buscando un árbol familiar o un camino que la guiara a su hogar. Pronto quedó claro que Miranda se había adentrado en una nueva parte del bosque que no conocía. Para empeorar las cosas, estaba oscureciendo, y Miranda se asustó aún más. Caminó una y otra vez, pero no estaba cerca de encontrar el camino a casa. Se asustó tanto que se arrodilló en un pequeño claro y se puso a llorar.

La niña no tenía idea de dónde estaba o qué debía hacer. Solo se arrodilló en la hierba y sollozó. De repente, escuchó un ruido a su lado y miró hacia arriba para ver una pequeña criatura blanca debajo de un árbol mirándola. Esta vez pudo verlo claramente, y no había duda de que lo que estaba viendo era un bebé unicornio.

—¿Quién eres? —preguntó.

—Me llamo Walter —dijo tímidamente.

—Eres un unicornio —dijo ella con sorpresa.

—Sí, lo soy —dijo la pequeña y tímida criatura—. ¿Por qué lloras?

—Estaba tratando de atraparte y me perdí —dijo Miranda.

—¿Por qué intentabas atraparme?

—Solo quería hablar contigo. No estaba segura si los unicornios realmente existían, ya ves. Oímos mucho sobre ustedes, pero pensé que podría ser una historia que mis padres inventaron.

—Todavía hay unos pocos de nosotros viviendo aquí en el bosque —dijo Walter—, pero ya no hay muchos de nosotros.

—Bueno, ¿por qué nunca les vemos entonces? —Miranda quería saber.

—Los unicornios tenemos mucho miedo de los humanos —dijo Walter.

—¿Pero por qué tendrían miedo de los humanos?— preguntó Miranda.

—Solía haber muchos de nosotros —dijo Walter—, pero hace mucho tiempo, los humanos empezaron a cazarnos. Pensaban que nuestros cuernos eran mágicos. Muchos de mis antepasados fueron asesinados solo porque la gente quería nuestros cuernos.

Miranda pensó en esto por un momento. Recordaba vagamente que la gente decía que los cuernos de unicornio eran mágicos, pero no podía imaginarse dañar a un animal tan hermoso.

—Si ese es el caso —dijo—, entonces ¿por qué estás aquí hablando conmigo?

—Bueno, no podría soportar oírte llorar y verte tan triste.

—Lo siento —respondió ella, sintiéndose avergonzada—. Quería verte mejor, así que intenté seguirte y me perdí terriblemente. Espero no haberte asustado.

—Está bien —dijo Walter—. ¿Quieres que te guíe hasta el borde del bosque?

Juntos, Miranda y Walter se abrieron paso a través del bosque. En el camino, charlaron sobre sus vidas y lo diferentes que eran. Ambos se dieron cuenta de que, aunque sus mundos eran muy diferentes, todavía tenían mucho en común y podían fácilmente convertirse en amigos.

Cuando llegaron al borde del bosque, y Miranda una vez más supo dónde estaba, la pareja se separó. Antes de hacerlo, sin embargo, acordaron reunirse la semana siguiente. Walter también le hizo prometer a Miranda que nunca les diría a otros humanos que había visto un unicornio. Le dijo que su vida correría peligro si la gente se daba cuenta de que los unicornios aún vivían en el bosque.

Cuando Miranda llegó a casa, estaba en problemas por llegar tan tarde. Ya era de noche, y sus padres estaban preocupados por ella. La mandaron a la cama inmediatamente después de la cena, pero su madre y su padre la querían mucho, y no podían estar enojados con ella por mucho tiempo. Antes de que se durmiera, su madre entró en su habitación y le preguntó si Miranda quería escuchar una historia rápida.

—Sí, por favor —dijo la niña adormilada—. ¿Podría contarme una sobre los unicornios?

Mientras su madre le contaba un cuento, Miranda cerró los ojos y escuchó. Era una historia que había escuchado muchas veces antes, pero no le importaba. Ya no necesitaba imaginar cómo era un unicornio. Se había hecho amiga de uno, y aunque no podía decírselo a su madre, mientras yacía con los ojos cerrados, pensaba en Walter y en la diversión que tendrían la semana siguiente.

Capítulo 5: La chica que amaba los hongos

Belinda Birtwistle era una niña poco común. Para empezar, estaba su nombre inusual, aunque la mayoría de la gente la llamaba BB. Luego estaba el hecho de que no le gustaban las cosas dulces. Ni los chocolates, ni los chupetines, ni los sorbetes, ni el helado. Lo más inusual de todo era que Belinda Birtwistle amaba los hongos. ¿Qué clase de niño le gustan los hongos? Bueno, a BB ciertamente le gustaban.

Ella tenía sus favoritos, por supuesto. Esos champiñones de botón redondo estaban muy bien, y le gustaban bastante los rebozuelos que se veían de vez en cuando en el mercado. Los más deliciosos, al menos para BB, eran los porcinis salvajes que su padre traía a veces del bosque. Eran enormes setas que olían como las hojas del suelo del bosque y que su madre freía en mantequilla antes de incorporarlas suavemente en una tortilla gigante. Eso, en opinión de BB, era el paraíso.

BB no siempre podía encontrar hongos. A veces, tenía que esperar hasta el momento justo antes de que salieran del suelo del bosque. Crecían cerca de viejos robles que solo su padre conocía, y no le mostraba a nadie sus lugares secretos de caza de setas.

El sueño de BB era poder recolectar setas ella sola. Cuando aprendiera a hacerlo, supo que sería feliz para siempre, pero su padre le prohibió estrictamente que cazara setas en el bosque. Le dijo que era lo más peligroso del mundo si recogías setas cuando no sabías lo que hacías.

BB le rogaba a su padre que la llevara al bosque y le enseñara sobre las setas, pero siempre insistía en que era demasiado pequeña.

—Tienes que ser paciente —le decía—. Cuando seas mayor, te enseñaré todo sobre los hongos e incluso te llevaré a algunos de mis lugares secretos de caza de hongos. Pero no hasta que seas mucho mayor.

BB no quería esperar hasta que fuera mayor. Quería cazar hongos en ese momento. ¿Qué tan difícil puede ser, después de todo?

Un día, cuando su padre estaba trabajando, BB decidió que había llegado el momento. No podía esperar una eternidad para aprender sobre hongos. Si su padre no quería enseñarle, tendría que hacerlo ella misma. Recogió una cesta de la cocina, y cuando su madre no miraba, se escabulló al bosque.

Pasó más de una hora antes de que BB encontrara su primera seta. Era un gran porcini, aunque este tenía un ligero matiz azulado que los que su padre encontraba no tenían. Eso no importaba. BB estaba segura de que se lavaría o desaparecería cuando su madre lo cocinara. Poco después de eso, encontró uno aún más grande, y luego, unos minutos más tarde, encontró tres seguidos. Su canasta ya estaba casi llena, y BB decidió que buscaría solo uno más antes de volver a casa. Ya se podía imaginar lo contenta que estaría su madre cuando llegara con una cesta llena de deliciosos hongos.

Estaba vagando con la cabeza gacha, buscando la última seta del día cuando de repente escuchó una voz.

—¿Qué tienes ahí en tu cesta, pequeña?

Saltó de miedo, pero cuando se dio la vuelta, vio que la persona que le hablaba era un viejecito y no necesitaba tener miedo. Era diminuto, con una larga barba gris y unos ojos que brillaban cuando sonreía.

—Estoy recolectando hongos para mi cena —dijo BB con orgullo.

—Mmm —dijo el viejito—. ¿Puedo echar un vistazo?

BB le mostró su canasta, y mientras miraba adentro, un ceño fruncido cruzó su cara.

—No has recolectado hongos antes, ¿verdad? —preguntó.

BB estaba un poco indignada. ¿Quién era él para dudar de sus habilidades cuando ella había estado comiendo hongos durante años y le gustaban tanto?

—Mi padre siempre me trae hongos, y los he estado comiendo desde que tengo memoria.

—Comerlos es una cosa —dijo—. Saber cuáles recoger es otra muy distinta. ¿Sabes que hay setas tan venenosas que pueden matarte?

—Estos son los porcinis. Mi padre los recolecta a menudo aquí, y mi madre los cocina para mí en mantequilla.

El viejo frunció el ceño otra vez.

—Lo siento jovencita, pero estos no son porcinis, aunque se parecen mucho. Ese es el problema con los hongos. Hay unos que son deliciosos y otros que se parecen mucho a ellos que pueden enfermarte mucho o incluso matarte.

BB se estaba enojando ahora. Estaba segura de que este hombrecito lo decía para poder robar sus hongos y llevárselos a casa para su propia cena.

—No me crees, ¿verdad? Mira, déjame probarlo —Metió la mano en su bolsillo y sacó una navaja de aspecto maltratado—. ¿Has visto a tu madre preparar los porcinis cuando los estaba cocinando?

—Por supuesto —dijo BB—. De hecho, siempre la ayudo porque me encanta el olor cuando se están friendo.

El anciano metió la mano en su cesta y sacó una de sus setas.

—¿Esos hongos hacen esto cuando los cortas? —preguntó, y con eso, cortó su hongo por la mitad.

La carne de la seta se volvió inmediatamente azul, e incluso la hoja del cuchillo cambió de color. BB no podía creer lo que veía.

—Nunca había visto eso antes —dijo. Ahora sonaba un poco menos segura de sí misma.

—Eso es porque estos no son porcinis. Sé que parecen serlo, pero son mortalmente venenosos. Si hubieras comido estos, podrías haberte puesto muy, muy enferma. De hecho, cuando llegues a casa, deberías lavar la cesta con cuidado y lavarte bien las manos para no frotar accidentalmente el veneno en otra cosa.

BB todavía no estaba segura de si esto era algún tipo de truco. El viejo la miraba con esos ojos brillantes, y era difícil creer que estaba tratando de robar sus hongos. Aun así, BB no estaba dispuesta a renunciar a un botín de setas tan delicioso.

—Todavía no me crees, ¿verdad? —preguntó sonriendo—. Te diré algo. ¿Por qué no te acompaño a casa, y luego podemos mostrarle tus hongos a tu papá? Si él dice que están bien para comer, son todos tuyos. Si dice que son veneno, entonces tendrás que tirarlos.

A BB no le gustó la idea, pero fue demasiado educada para decirlo, y así, con su nuevo conocido, se dirigió a casa. Su padre estaba allí cuando ella llegó, y pudo ver que estaba enojado porque se había ido al bosque sin decirle a nadie. Pensó que podría dejar de estar enfadado cuando vio su cesta llena de setas, así que corrió y le mostró lo que había encontrado.

Su padre echó un vistazo a lo que había en la cesta, y luego le dijo que debía lavarse las manos inmediatamente mientras tiraba las setas venenosas. Después de eso, la mandó a la cama sin cenar por desobedecerle.

BB se sintió tan humillada que lloraba mientras se subía a la cama. Podía oír a su padre y al viejo hablando abajo, pero no podía oír lo que se decía. Ella tenía una idea bastante buena de que estaban diciendo lo tonta que era.

Todavía estaba disgustada, pero sus párpados se estaban poniendo pesados, y casi se había quedado dormida cuando oyó a su padre entrar en la habitación y sentarse en el borde de la cama. Estaba convencida de que se metería en más problemas pero, en cambio, él le tomó la mano y le habló suavemente.

—Belinda Birtwistle, hoy has hecho una cosa tonta y peligrosa, pero sé que tus intenciones eran buenas. Mañana he arreglado que vuelvas al bosque con el viejo Sr. Delaney, y él te enseñará qué setas puedes comer y cuáles son peligrosas.

—¿Quién es el Sr. Delaney?

—Es el viejo que te encontró hoy en el bosque. Es un anciano maravilloso, y nadie sabe más de setas que él. De hecho, fue él quien me enseñó todo sobre las setas cuando no era mucho mayor que tú ahora.

BB estaba muy emocionada, pero también estaba cansada, y pronto se durmió rápidamente y soñó con comer tortillas de hongos.

Capítulo 6: El oso que era demasiado grande

Todo el mundo sabe que los osos son grandes, pero Benjamín era muy grande para ser un oso. Aunque era grande, los mejores amigos de Benjamín eran conejos. La mayoría de los osos vagaban por el bosque solos, haciendo poco más que comer bayas y rascarse la espalda en los árboles. No se podía decir lo mismo de Benjamín.

Cada tarde, cuando los conejos se reunían en el prado y se perseguían unos a otros de un lado a otro, Benjamín estaba allí, jugando y retozando como si fuera un conejo más. Los conejos estaban tan acostumbrados a él que no pensaban en nada. A sus ojos, él era solo uno de la pandilla.

Las cosas se complicaron un poco más cuando Ralph, el conejo, anunció que pronto sería su cumpleaños y que haría una fiesta en su casa. Toda la pandilla estaba invitada, y hasta entonces, no se le había ocurrido a nadie que Benjamín no podía ir a la casa de Ralph. Verás, los conejos viven en agujeros en el suelo, y no había forma de que pudieras meter a un oso gigante como Benjamín en un agujero tan pequeño.

Benjamín estaba muy emocionado con la fiesta. Nunca había estado en una antes, y cuando de repente se dio cuenta de que no podría ir porque era muy grande, se puso muy triste.

—Lo sé —dijo Ralph—. Haremos la fiesta afuera en el prado. De esa manera, Benjamín puede venir, y no importará que sea tan grande.

Esta idea pareció gustar a todos, y especialmente a Benjamín. En los días previos a la fiesta, se emocionó más y más hasta que la esperaba con más ganas que Ralph.

Finalmente, llegó el gran día. Todos los conejos y Benjamín se reunieron en el prado fuera de la casa de Ralph. Allí, su madre había preparado mesas y sillas. Las mesas estaban cubiertas de helado y gelatina, y había un gran pastel de zanahoria en un extremo con velas en la parte superior. El clima estaba bueno, y todo parecía estar perfecto. Eso fue hasta que Benjamín se sentó.

Las sillas de conejo no están hechas para los osos, y la de Benjamín pronto se rompió.

A partir de ahí, las cosas fueron de mal en peor. Cuando respiró, accidentalmente sopló todas las velas que estaban en el pastel. Después de eso, y por error, tomó un bocado de gelatina y, de un solo trago, se terminó con la gelatina para todos los conejos. Se comió lo que pensó que era un pequeño trozo de pastel, pero después de eso, quedó poco para los demás. La gota que colmó el vaso fue cuando accidentalmente pisó uno de los regalos de Ralph y lo aplastó.

El gran oso estaba tan avergonzado que se fue a casa y dejó a los conejos para que jugaran solos. Benjamín decidió que no debía jugar más con los conejos. Se dio cuenta de que era un oso demasiado grande para estar con conejos.

En vez de eso, vagó por el bosque solo, donde se volvió bastante solitario. Aunque echaba mucho de menos a sus amigos, estaba tan avergonzado por todo lo que había ido mal en la fiesta de Ralph; no quería volver y hacer el ridículo otra vez. En cambio, comía bayas y se rascaba la espalda en los árboles. En los días en que los conejos jugaban en la hierba, Benjamín a veces se escabullía y los observaba desde el borde del bosque. ¡Cómo echaba de menos la diversión que solían tener!

Semanas más tarde, los conejos estaban jugando en la hierba cuando un lobo los vio. A los lobos les gustan mucho los conejos. De hecho, los consideran una de sus comidas favoritas. Tan pronto como el lobo vio a todos esos conejitos persiguiéndose a través de la hierba, se puso boca abajo y comenzó a arrastrarse lentamente hacia ellos. Cada vez más cerca, se arrastró hacia los desprevenidos conejitos.

Pronto estuvo a pocos metros, y decidió qué conejo era el más gordo y haría la mejor cena. Se lamió los labios y luego se decidió por una conejita llamada Esmeralda. Esperó hasta que la desprevenida coneja estuviera bastante cerca, y entonces el gran lobo gris se abalanzó. Estaba a punto de atrapar a Esmeralda en sus feroces mandíbulas cuando de repente hubo un rugido, y un oso gigante salió corriendo del bosque hacia él.

Los conejos asustados salieron corriendo en todas direcciones, y Esmeralda evitó los dientes brillantes de los lobos. Cuando su cena se escapó de su alcance en el último segundo, el lobo estaba furioso, y se volvió hacia este audaz oso que le había costado la cena.

Benjamín temía al feroz lobo, pero no tenía otra opción ahora. Una gran pelea comenzó, y el oso y el lobo entraron en batalla. Volaban pelos y brillaban dientes. Las garras y las mandíbulas cortaron el aire, y los conejos miraron con horror.

Finalmente, la lucha se detuvo, y el lobo cojeó hacia el bosque. Herido y sangrando, Benjamín yacía en la hierba, y los conejos corrieron hacia él, temiendo que estuviera muerto.

Los osos son fuertes, y aunque necesitaba pasar un tiempo en el hospital, Benjamín pronto se recuperó. Todos los días, los conejos iban al hospital para visitar a su amigo, el valiente oso vendado. Cuando se recuperó, los conejos le hicieron prometer que volvería a jugar con ellos y le dijeron que no les importaba en absoluto que fuera tan grande.

Capítulo 7: El Príncipe que no era valiente

Hay ciertas cosas que la gente espera de los príncipes. Siempre deben ser honestos, sinceros, valientes y guapos. Cierto, pueden salirse con la suya siendo un poco feos a veces, pero la honestidad, la verdad y la valentía son imprescindibles.

El príncipe Reginald Roger Regina era un príncipe maravilloso. No podrías querer un príncipe que fuera más honesto y sincero, y, a decir verdad, también era un poco guapo, de una forma fresca y casual. Lo único que le faltaba a Reginald era la valentía. Anhelaba ser valiente e intrépido, como un verdadero príncipe debería ser, pero no lo era.

Su gente lo amaba de todos modos. Era tan honesto y sincero que era difícil para ellos no hacerlo. Pero eso no hacía que Reginald se sintiera mejor. Sabía que ser valiente era muy importante. La pregunta era, ¿cómo puedes ser valiente cuando no lo eres?

Reginald hizo todo lo que estuvo a su alcance para ser más valiente. Siguió el consejo de los hombres más sabios de la tierra y hablaba frecuentemente con todos sus más valientes caballeros. Todos tenían muchas sugerencias. Beber más leche, comer más espinacas y silbar en la oscuridad eran algunas de sus muchas recomendaciones. Reginald las probaba todas, excepto la de silbar en la oscuridad. Le asustaba un poco la oscuridad. Las cosas nunca parecían mejorar.

Todos sus caballeros y compañeros cortesanos iban a justas o a cazar jabalíes, Reginald prefería quedarse en casa y comer huevos en tostadas. Temía el día en que su reino pudiera ir a la guerra. Se esperaba que guiara a sus caballeros a la batalla, y Reginald no podía pensar en nada peor.

Su falta de coraje le daba a Reginald muy poco sueño. Se quedaba despierto, intentando pensar en cosas valientes o reunir valor, pero los resultados eran pobres. Cuando, finalmente, dormía, a menudo soñaba con dragones que respiraban fuego, y se despertaba sudando con el corazón palpitando terriblemente.

Un día llegó la noticia de que el famoso caballero, Lancelot Livingstone, venía al castillo en visita oficial. Lancelot Livingstone no era un caballero ordinario. Tenía fama de ser el caballero más valiente de todo el país y se decía que había matado seis dragones él solo.

Reginald estaba desesperado por pedirle consejo sobre cómo aumentar su valor, pero incluso la idea de hacerlo asustó un poco al joven príncipe. Suspiró para sí mismo. Qué cobarde se sentía.

Lancelot Livingstone venía al castillo a visitar al padre de Reginald, el rey. Se había preparado un gran banquete en honor del caballero, y habría invitados de todo el reino.

Cuando llegó el gran día, Reginald se quedó entre la multitud y observó al famoso caballero desde la distancia. Estaba desesperado por hablar con él y descubrir cuál era el secreto de la extraordinaria valentía del caballero, pero con tanta gente a su alrededor queriendo estrechar la mano del caballero o hacerse un rápido retrato con él, era imposible. Reginald sabía que si era un príncipe real y valiente, se acercaría al caballero y le daría la mano cálidamente. La verdad era que tenía demasiado miedo.

Triste y avergonzado, Reginald se escabulló de la multitud y encontró un lugar tranquilo en los terrenos del castillo donde podía sentarse y estar a solas con su dolor. Hablar con Lancelot Livingstone había sido su última esperanza de aprender a ser valiente, y ni siquiera tuvo el valor de hacerlo. Tal vez, pensó para sí mismo, este iba a ser su destino. Siempre estaba demasiado nervioso por ser el valiente príncipe que tanto quería ser.

Mientras estaba sentado, sintiendo lástima de sí mismo, de repente escuchó un sonido detrás de él. Se giró y quién estaba ahí, sino el famoso caballero, Lancelot Livingstone.

—¿Te importa si te acompaño?—preguntó el caballero—. Realmente odio estar rodeado de tanta gente, y a veces solo necesito alejarme unos minutos.

—Yo también —dijo el joven príncipe. Se moría por decir más, por preguntar si era valiente, pero no estaba seguro de poder hacerlo.

—Me llamo Lancelot Livingstone —dijo el caballero extendiendo la mano.

—Soy Reginald —dijo el joven príncipe. No quiso dar su nombre completo ni decirle al caballero que era un príncipe, porque estaba seguro de que Lancelot Livingstone habría oído hablar de él y sabría lo cobarde que era.

—Supongo que a ti tampoco te gustan las multitudes —dijo el caballero.

—En realidad no —respondió Reginald con cautela. Este caballero era tan famoso, y sin embargo parecía tan ordinario.

—A mí tampoco —dijo el caballero mientras se sentaba junto al joven príncipe—. Me ponen un poco nervioso, en realidad.

—¿La multitud te pone nervioso? Pero yo pensaba que eras el caballero más valiente de todas las tierras y que habías luchado sin miedo en cientos de batallas.

—Sí. Pero estaba nervioso antes de cada una de ellas —suspiró el caballero.

—¿Cómo puede ser eso? Eres el hombre más valiente del país.

—Bueno, esta es la cuestión —dijo Lancelot Livingstone—. Un hombre puede tener miedo. Eso es perfectamente normal. Es cuestión de hacer lo que tienes que hacer, aunque estés asustado. Eso es lo que cuenta.

—Entonces, ¿me estás diciendo que tenías miedo antes de cada batalla? —preguntó Reginald asombrado.

—Por supuesto. A veces temblaba tanto que pensaba que me iba a caer del caballo.

—Pero entonces, ¿por qué la gente dice que eres tan valiente? —Reginald quería saberlo.

—Porque aunque estaba asustado, fui a la batalla de todos modos.

Reginald pensó en esto por un momento. De repente, estar asustado ya no parecía tan importante. Tal vez no era espantoso el chico que creía que era.

—A menudo tengo miedo —admitió al caballero.

—Creo que la mayoría de la gente tiene miedo la mayor parte del tiempo. Algunos son mejores que otros para fingir que no. No creo que pretender ser valiente sea lo mismo que ser realmente valiente. Valiente es cuando haces algo, aunque estés asustado.

Reginald se dio cuenta de que podía hacer esto. Podía hacer cosas, aunque estuviera asustado. A partir de ese momento, decidió que cuando tuviera miedo, haría las cosas de todos modos. Dejaría de pensar en su miedo y se centraría en lo que tenía que hacer. Una vez que tomó esa decisión trascendental, pronto volvió a dormir profundamente.

Se hizo amigo de Lancelot Livingstone, y finalmente, se convirtió en rey. La gente lo consideró uno de los reyes más valientes que habían tenido. Y era honesto, sincero, y un poco guapo.

Capítulo 8: El susurrador de dragones

Hace muchos, muchos años, los dragones vagaban por la tierra y vivían junto a la gente. Algunos dragones eran bastante inofensivos, otros eran una molestia y algunos eran peligrosos. Lo que tienes que entender es que había diferentes tipos de dragones. Los pequeños no se diferenciaban mucho de los grandes lagartos, los de agua vivían principalmente en el mar, y a veces en grandes lagos, y los grandes respiraban fuego cuando querían.

Eran los realmente grandes los que normalmente causaban la mayoría de los problemas. Eran principalmente omnívoros, lo que significaba que se comían todo. Si se comían las vacas y ovejas del granjero, eso se convertía en un gran problema. Si se comían a las personas, eso sería un problema aún mayor.

Si vivías en un pueblo o ciudad donde un dragón se convertía en un problema, entonces había gente a la que podías llamar para que viniera y se ocupara del dragón. Eran un poco como la gente de control de plagas que llamamos ahora si tuviéramos ratones en casa, excepto que ellos montaban a caballo y llevaban espadas. Muchos de estos guerreros que trataban con dragones malos eran caballeros. Cabalgaban por el campo, y cuando oían que un pueblo tenía un problema con los dragones, cabalgaban hasta ese pueblo y acordaban una tarifa para deshacerse del dragón. Era un trabajo peligroso, por lo que los luchadores contra los dragones cobraban mucho dinero. Si vivías en un pueblo pequeño, había una buena posibilidad de que fueras pobre, pero aun así tenías que encontrar el dinero porque era demasiado peligroso tener un dragón malo cerca.

Tal era el caso en el pueblo de Lugobrick en las altas montañas de Dochnia. El pueblo era pequeño y muy pobre. Principalmente criaban vacas y cabras, y ganaban el poco dinero que ganaban haciendo queso. Un día, un gran dragón se mudó a una cueva justo encima del pueblo. Nadie sabe por qué vivía allí, pero así era.

La primera vez que el pueblo supo del asunto fue cuando se despertaron una mañana y descubrieron que dos de sus cabras habían desaparecido. Al principio, la gente pensó que las cabras podrían haber sido tomadas por los lobos, pero cuando investigaron, vieron las inconfundibles huellas de un gran dragón. Los dragones tienen garras muy largas, por lo que sus huellas son fáciles de identificar. También dejan una marca en la tierra cuando arrastran sus colas gigantes detrás de ellos.

La gente esperaba que el dragón estuviera de paso y que pronto se fuera. Se escondieron en sus casas, pero dos días después, el dragón atacó de nuevo. Esta vez, se comió una de las vacas de un granjero. Los granjeros de la aldea estaban desesperados. No podían permitirse el lujo de seguir perdiendo sus animales. Enviaron un mensaje a las aldeas vecinas diciendo que necesitaban un cazador de dragones, y pronto se corrió la voz de aldea en aldea de que Lugobrick tenía un problema con los dragones.

Unos días después, un caballero llegó cabalgando a la aldea. Se veía muy impresionante para los granjeros pobres. Montaba un gran semental negro y llevaba una brillante armadura. Detrás de él corría un joven cuyo trabajo era llevar el escudo y la espada del caballero cuando no los necesitaba. El caballero se reunió con los ancianos del pueblo y acordó matar al dragón por veinte piezas de oro y tres vacas.

Eso era mucho dinero, y toda la aldea tendría que entregar todos sus ahorros, pero ¿qué opción tenían? Si el dragón se quedaba, podría comerse todas sus vacas y cabras, y entonces qué harían para ganarse la vida. También, tal vez el dragón podría tener hambre, y entonces podría empezar a comérselos a ellos.

Al amanecer de la mañana siguiente, el caballero montó su caballo, sacó su espada y cabalgó hacia la cueva donde el dragón vivía. Dos horas más tarde, estaba de vuelta. Su cabello estaba todo chamuscado, y había perdido su espada. El dragón era demasiado fuerte para él, y no lidiar con él. Dejó la aldea avergonzado.

Ahora los granjeros estaban aún más preocupados. El dragón todavía estaba en la cueva, y no sabían qué hacer. Si el caballero no pudo lidiar con él, ellos ciertamente no podrían. A la mañana siguiente otro caballero entró en la aldea. Estaba montando un gran semental blanco que era aún más impresionante que el que el último caballero. Él también había oído hablar del dragón y estaba convencido de que podía deshacerse de él. El único problema era que era aún más caro que el anterior caballero. Exigió veinte piezas de oro y cinco vacas para liberar a la gente del terrible dragón. Una vez más, la gente tuvo que estar de acuerdo. Simplemente no tenían elección.

Esa misma tarde, el caballero cabalgó con su gran semental blanco fuera del pueblo y hacia las colinas donde estaba la cueva del dragón. Volvió justo antes del anochecer, y estaba en una forma terrible. Estaba cubierto de humo y hollín y había perdido tanto su casco como su escudo. El dragón había ganado de nuevo, y ahora la gente no tenía ni idea de qué hacer.

Los caballeros cazadores de dragones dejaron de venir después de eso. Se corrió la voz de que el dragón de Lugobrick era demasiado peligroso, y los caballeros no querían luchar contra él. En la aldea, las cosas se estaban volviendo desesperadas. Cada mañana, cuando los granjeros salían a los campos, se encontraban con que uno o dos de sus animales habían desaparecido. Las cosas se estaban poniendo tan desesperadas que algunos aldeanos hablaban de mudarse.

No se sabía cuánto tiempo más podría durar este estado de cosas, pero una mañana los aldeanos se despertaron y vieron a un hombre que iba hacia la aldea en un burro. No sabían quién era, pero estaba claro que no era un caballero que mataba dragones. Cuando llegó a los aldeanos, les dijo que estaba allí para resolver su problema con los dragones. Su apariencia era tan poco impresionante que algunos aldeanos se rieron de él.

Los aldeanos no tenían nada que perder, así que preguntaron cuánto quería este nuevo contendiente para liberarlos del dragón.

—Me gustaría tener tres ruedas de queso —dijo el joven con confianza—. Oh, y también me gustaría casarme con la doncella más bonita del pueblo.

Nadie de Lugobrick creía que este joven pudiera hacer lo que decía. Ni siquiera poseía una espada o un escudo, y montaba un viejo burro. Sin nada que perder, aceptaron sus términos y se reunieron en la plaza del pueblo para ver cómo cabalgaba para enfrentarse al dragón. Era tarde para entonces, y ni el joven ni el burro regresaron esa noche. Todos los aldeanos temían que el joven tonto y su burro hubieran sido comidos por el dragón.

Sin embargo, a la mañana siguiente, el hombre regresó al pueblo, con aspecto totalmente ileso y relajado.

—He venido a recoger mis tres ruedas de queso y a su doncella más hermosa —dijo a los sorprendidos aldeanos.

—Pero, ¿qué pasó con el dragón? —preguntaron—. ¿Cómo has lidiado con él?

—Oh, está durmiendo en su cueva. No volverá a despertar por lo menos en cien años.

Los aldeanos le miraron con recelo.

—¿Cómo sabemos que no estás mintiendo y tratando de engañarnos? —preguntaron.

—Bueno, eso es fácil —respondió con una sonrisa—. Pueden enviar a alguien a la cueva, y allí verán al dragón durmiendo profundamente.

Los aldeanos estaban seguros de que era un truco, así que varios se escabulleron a la cueva donde el dragón se había instalado. Seguro que podían ver al dragón acurrucado y durmiendo en el suelo de la cueva. Nerviosamente le tiraron una piedra para ver si se despertaba, pero no pasó nada. Luego lo pincharon con un palo largo, y aun así, la bestia no se movió. Eventualmente, algunos incluso se acercaron a ella y le gritaron al oído, pero el dragón siguió durmiendo.

Cuando volvieron a la aldea para contar a los demás lo que habían visto, la gente estaba asombrada.

—¿Pero cómo lo hiciste? —preguntaron todos.

—Me senté con él y le susurré cuentos para dormir —respondió el joven—. ¡Seguramente todos saben que los dragones no pueden resistirse a un buen cuento para dormir!

Algunos le creyeron, pero otros siguieron sospechando.

—¿Cómo podemos estar seguros de que, si te pagamos eso, el dragón no se despertará tan pronto como tú te hayas ido y comenzará sus travesuras de nuevo?

El joven pensó en esto durante un tiempo.

—Les diré —sugirió—. Déjenme tener mi queso y déjenme casarme con su más bella doncella, y me quedaré en el pueblo por cinco años. Si el dragón no ataca de nuevo en ese tiempo, mi esposa y yo seremos libres de seguir nuestro camino.

Los aldeanos discutieron esta idea, decidiendo que le darían a la pareja un banquete de bodas y les prestaron una casa y una tierra donde podrían quedarse. De hecho, estaban tan felices con este hombre maravilloso que podía cultivar mientras estaba allí. Después de cinco años, se habían asentado tanto que la pareja no se fue, y en su lugar, se quedaron en Lugobrick, convirtiéndolo en su hogar para siempre.

El dragón sigue durmiendo en la cueva que hay encima del pueblo, y de vez en cuando, el joven ensilla su burro y cabalga durante unos días para susurrar historias a otros dragones problemáticos de los pueblos cercanos. Se ha hecho bastante famoso, pero eso no lo ha cambiado. Todavía vive en la aldea, y cada noche les susurra cuentos a sus dos hijos pequeños, y se duermen rápidamente.

Capítulo 9: La historia de la cola rota

La mayoría de la gente probablemente no se da cuenta de que la principal forma en que las sirenas se mueven es usando su cola. Así es como se deslizan por el agua con tanta gracia y velocidad. Para una sirena, la cola es tan importante como las patas para los humanos.

Ahora te contaré una historia sobre una joven sirena llamada Cindy. Cindy era una joven sirena muy feliz, como cualquier otra. Le encantaba jugar con sus amigos y explorar el hermoso mundo submarino en el que pasaba la mayor parte de su vida. Estaba lleno de peces de colores, corales brillantes y cuevas oscuras y espantosas. En resumen, era el lugar más maravilloso para investigar y jugar. Las sirenas no iban realmente a la escuela como los niños humanos. En cambio, aprendían explorando el mundo que las rodeaba.

La vida era buena bajo el océano, y en realidad solo había dos cosas que las sirenas tenían que temer. Una eran los grandes tiburones, y la otra eran los humanos. Las sirenas aprendieron desde muy temprano que a los tiburones les gustaba comerlos y por eso siempre estaban al acecho de estos grandes enemigos grises.

Los humanos eran un asunto ligeramente diferente. La mayoría de las sirenas habían oído historias sobre lo peligrosos que podían ser los humanos, pero ninguna había conocido a nadie que hubiera contactado con un humano. Los humanos vivían en tierra y se aventuraban al mar en barcos, así que habitaban un mundo muy diferente al de las sirenas. A diferencia de los tiburones, que sabían que eran peligrosos, los humanos eran un misterio para las sirenas, por lo que sentían mucha curiosidad por ellos. Les encantaba espiarles desde la distancia y se reían entre ellas por las piernas de aspecto gracioso de los humanos y por el hecho de que no podían ni siquiera respirar bajo el agua.

A medida que pasaba el tiempo y los humanos llegaban al mar en botes con grandes y malolientes motores, había más de ellos alrededor. Esto significaba que por un lado, había más de ellos para espiar, pero por otro, había más posibilidades de que fueran vistas por estos habitantes de la tierra.

Un día, cuando Cindy y sus amigas estaban tan ocupadas jugando que bajaron la guardia, un gran tiburón se les acercó sigilosamente. Normalmente las sirenas son muy vigilantes, pero se habían divertido tanto que simplemente no prestaron atención. De repente, una de las amigas de Cindy vio al tiburón y dio un aviso. En un instante, todas las sirenas huyeron para cubrirse, pero Cindy fue un poco más lenta que las otras, y el tiburón estaba casi encima de ella antes de que se diera cuenta. Se las arregló para esquivar sus mandíbulas dentadas y entrar en una cueva, pero pudo sentir que no estaba muy lejos de ella.

Las cuevas eran lugares aterradores, pero tener al tiburón justo detrás de ella era aún más aterrador. Cindy no tuvo más remedio que nadar más profundo en los pasajes oscuros, esperando perder al tiburón hambriento. De repente, vio un estrecho túnel a través de la roca y se metió en él, con la esperanza de que fuera demasiado estrecho para el tiburón. El túnel se estrechaba cada vez más y estaba segura de que el tiburón no podría atravesarlo, pero estaba demasiado asustada como para mirar por encima del hombro.

Sintió un fuerte tirón en la cola que la llevó a un dramático alto, y estaba convencida de que el tiburón la había atrapado. De hecho, el tiburón había dejado de perseguirla tan pronto como ella había nadado hacia el túnel, pero Cindy no lo sabía. En cambio, había seguido nadando a una velocidad peligrosa, y ahora su cola se había quedado atrapada entre las estrechas paredes del túnel. Cindy estaba atrapada, y su cola estaba muy dañada, pero al menos se las había arreglado para perder el tiburón.

Pasaron horas antes de que se liberara, e incluso entonces, fue solo porque tuvo ayuda de sus amigas. Habían querido venir antes, pero el tiburón hambriento se había quedado por mucho tiempo, esperando atrapar a la sirenita al salir de la cueva. Sus amigas se reunieron a su alrededor y la ayudaron a volver a casa.

Con el tiempo, la cola se curó y el dolor se detuvo, pero Cindy nunca sería la nadadora rápida que había sido antes de que el tiburón la persiguiera. Eso significaba que tenía que ser muy cuidadosa, y si un tiburón la perseguía de nuevo, estaba en gran peligro. Incluso jugar con sus amigas no era tan divertido ahora porque era mucho más lenta que ellas, y no siempre podía participar. Ellas eran amables y la esperaban, por supuesto. Las sirenas siempre son amables, pero no era lo mismo.

Una tarde, Cindy y sus amigas estaban en la superficie del agua espiando a los humanos. Era algo que hacían a menudo con Cindy porque era un juego que no requería demasiada velocidad ni ponía demasiada tensión en su lesión. Estaban observando una nueva y elegante lancha a motor mientras navegaba lentamente por el agua. Había varios humanos en la cubierta, y parecían buscar algo.

De repente, un humano giró sus binoculares en su dirección, y debió haberlas visto porque apuntó en su dirección, y el barco se dio vuelta. Sus amigas eran tan rápidas que desaparecieron de la vista muy rápidamente, pero como de costumbre, Cindy era lenta. El bote se movió rápidamente en su dirección, y ella simplemente no fue lo suficientemente rápida para escapar.

Nadaba tan rápido como podía, y aun así, el bote la estaba alcanzando. Los humanos estaban todos colgados en el borde del barco y apuntando en su dirección. Cindy intentó ir un poco más rápido, pero le dolía la cola y disminuyó aún más la velocidad.

Finalmente, el barco se acercó a ella y un humano le lanzó una red. Ahora no había ninguna posibilidad de escapar. La red la enredó, y pronto sintió que la sacaban del agua. Estaba aterrorizada y no tenía idea de qué hacer. Podía oír a la gente gritándose unos a otros.

—¿Es esa? —gritó uno de ellos cuando la subieron a la cubierta del barco.

—Sí, definitivamente. Se puede ver por la forma en que estaba nadando que es la que vimos la semana pasada. Tiene una lesión en la cola —respondió alguien.

—¡Tengan cuidado con ella! —gritó otra persona—. No queremos lastimarla.

—Mira qué hermosa es —gritó una voz diferente, una de las mujeres.

—Rápido. Salgan del camino para que el veterinario pueda pasar. Debe tratarla y devolverla al agua lo antes posible.

Para entonces, la red había sido retirada, y Cindy estaba tendida en la cubierta, mirando a un círculo de gente que la miraba. Estaba tan asustada que lo único que podía hacer era llorar.

Una señora que llevaba una gran bolsa negra se abrió paso entre la multitud y se arrodilló junto a su cola. Cindy podía sentir que la tocaba. No le dolía, pero con toda la gente alrededor y las lágrimas en sus ojos, no tenía ni idea de lo que la señora estaba haciendo.

—No se ve tan mal —dijo la señora a la que llamaban la veterinaria—. Le he puesto algunas inyecciones, y creo que eso debería curarla. Tenemos que volver a meterla en el agua

Minutos después, Cindy estaba siendo bajada de nuevo al mar, y todos los humanos estaban alineados a lo largo del borde del barco mirándola. Algunos saludaron, pero Cindy estaba demasiado sorprendida y asustada para devolver el saludo. En cambio, se dio la vuelta y se alejó nadando lentamente del barco y de los extraños humanos a bordo.

Pasaron varios días antes de que Cindy superara el shock. Cuando lo hizo, lo primero que notó fue que su cola ya no le dolía cuando la usaba. A los pocos días pudo volver a nadar normalmente, y pronto fue tan rápida y ágil como nunca antes.

Llevó mucho tiempo, y muchos pensamientos antes de que Cindy se diera cuenta de que los humanos de alguna manera la habían curado y liberado de su dolor. Fue extraño darse cuenta de que las criaturas que había temido toda su vida podían resultar ser realmente amables. Después de eso, a menudo nadaba hasta el lugar del océano donde la habían atrapado en su red. Cuando veía el barco, saludaba y sonreía, y si la veían, siempre la saludaban y le devolvían la sonrisa.

Cindy deseaba poder darles las gracias por la gran amabilidad que le habían otorgado, pero la sirena sabía que nunca sería así. El mundo de los humanos y el de las sirenas deben permanecer separados para siempre, excepto en raras ocasiones. Cindy se alegró de haber disfrutado de un evento especial.

Capítulo 10: La gemela mala

Hace muchos años, había dos princesas que eran gemelas idénticas, tan parecidas que incluso sus propios padres a veces tenían problemas para distinguirlas. Sin embargo, ahí terminaban sus similitudes. En cuanto al carácter, estas hermanas se diferenciaban mucho entre sí.

La mayor, por un minuto o dos, se llamaba Anabella, y su hermana menor se llamaba Anastasia. Anabella era muy engreída, y pasaba mucho tiempo mirándose en el espejo y probándose ropa. A Anastasia le gustaba pasar tiempo con otras personas y a menudo ayudaba a las criadas con sus tareas en la cocina. Esto molestaría enormemente a Anabella.

—Somos princesas reales —decía con frustración—. Es indigno de nosotras ser vistas trabajando con los sirvientes.

—No veo ninguna razón por la que ser amable sea algo que las princesas no deban hacer. —La hermana menor respondería.

Esto hacía que Anabella se enfadara aún más. Ella no creía en la bondad. Solo creía en ser bella y poderosa. Era tan desagradable que muchos cortesanos temían por el reino si algún día se convertía en reina. Parecía que le gustaba dar órdenes a la gente, pero como era una princesa real y la siguiente en la línea de sucesión al trono, no había nada que nadie pudiera hacer.

Un día Anabella fue a dar un paseo por el bosque que rodeaba el castillo. No era algo que hiciera a menudo. El bosque estaba sucio y húmedo, y no había espejos en los que pudiera mirar su reflejo. Solo había ido a dar un paseo porque Anastasia estaba ayudando a unas criadas a ordenar el castillo, y la idea la hizo enojar tanto que tuvo que irse.

Mientras vagaba por el bosque, su ira hacia su hermana creció, y se volvió amarga y furiosa. Tenía pensamientos de ira cuando tropezó con un pequeño estanque en un brillante claro de sol. Estaba rodeado de hermosas plantas, y los caballitos del diablo y las libélulas se lanzaban sobre la superficie del agua. Al otro lado del estanque, un hermoso martín pescador estaba mirando el estanque con la esperanza de atrapar un pequeño pez.

Anabella no vio nada de esta belleza. Todo lo que vio fue una oportunidad de ver su propia belleza reflejada en el agua. Para la princesa, el estanque no era más que un espejo gigante en el que podía admirarse a sí misma. Se acercó al estanque, y cuando llegó a la orilla, se arrodilló para ver mejor su reflejo.

Al principio, todo lo que podía ver era una joven amargada con labios finos y enojados, pero gradualmente su compostura regresó, y mientras controlaba su ira, pudo ver su belleza de nuevo. De repente, justo cuando estaba disfrutando mirándose a sí misma de nuevo, la imagen que vio reflejada se hizo añicos cuando el martín pescador se zambulló en el agua como una flecha. Apareció de nuevo segundos después con un pez plateado aleteando en su pico. Anabella estaba furiosa otra vez. Tomó una pequeña piedra y la lanzó al asustado pájaro y le gritó para que se fuera.

—Eso no fue muy amable —dijo una voz detrás de ella que hizo saltar a la princesa.

Anabella se dio la vuelta y vio a una anciana marchita y encorvada, vestida con harapos, parada justo detrás de ella. No tuvo tiempo de preguntarse cómo la vieja bruja se había acercado tanto sin oírla.

—No tengo que ser amable —dijo—. Soy una princesa y heredera del trono real.

—Sé muy bien quién eres, jovencita. Eres la que la gente se refiere como la princesa sin corazón.

—¿Y tú qué sabes? —preguntó Anabella.

—Oh —dijo la anciana—. Sé muchas cosas; cosas que nunca aprenderás porque estás demasiado ocupada admirándote en el espejo. Mira toda esta belleza de la que estás rodeada, y aun así no ves nada de ella.

Anabella estaba fuera de sí por la rabia. ¿Quién era esta simple campesina que se atrevería a hablarle así a una princesa real?

—¡Cómo te atreves! —dijo ella—. ¿No sabes que podría hacer que te arrojaran a las mazmorras con solo una palabra?

La anciana no parecía ni un poco asustada por el arrebato de Anabella.

—Jovencita, si supieras quién soy y cuánto poder tengo, serías tú la que tendría miedo. Voy a darte una oportunidad. Dame una moneda para comprarme un poco de pan y queso, e ignoraré tu enfado petulante.

Eso fue demasiado para Anabella. ¿Quién era esta vieja bruja tonta que se atrevió a desafiar a una princesa y encima le exigió dinero?

—Dame tu nombre, anciana. Hoy mismo me encargaré de que te arrastren encadenada y te arrojen a las mazmorras del castillo donde hace frío y está oscuro. Allí comerás pan, pero dudo mucho que vuelvas a probar el queso.

—Me llamo Zelda, aunque la gente de aquí me llama la sabia. En cuanto a que baje a las mazmorras reales, no lo creo. De hecho, las cosas están a punto de ponerse muy mal para ti. —Con eso, Zelda chasqueó sus dedos, y la hermosa princesa se transformó de repente en un sapo.

Cuando la princesa no regresó al castillo al anochecer, todos se preocuparon mucho por ella, y se enviaron grupos de búsqueda, pero no pudieron encontrar ninguna señal de la princesa. Durante semanas, el personal del palacio y la gente de las aldeas cercanas continuaron buscando a Anabella, pero no la encontraron por ningún lado. Al final, se suspendieron las búsquedas y se creyó que la princesa debía haber huido o haber sido secuestrada.

Aunque Anastasia y su hermana gemela eran muy diferentes, y aunque nunca se habían llevado bien, Anastasia extrañaba mucho a Anabella. El hecho de que su hermana estuviera desaparecida significaba que era probable que un día heredara el trono, pero a Anastasia no le importaba eso. No quería convertirse en reina. Todo lo que quería era ver a su hermana de nuevo.

Un día, mucho después de que la mayoría de la gente hubiera perdido la esperanza y cuando todos los grupos de búsqueda se habían cancelado, Anastasia bajó al bosque donde siempre le gustó vagar. Se dirigió al lago donde tenía buenos recuerdos de las maravillosas flores y de sentarse tranquilamente, admirando la belleza y viendo al martín pescador cazar pequeños peces.

Mientras se sentaba y metía los pies en el agua, vio de repente un gran sapo. No era raro que viera sapos y ranas tan cerca del agua, pero este parecía inusual. En lugar de quedarse quieto con la esperanza de no ser visto o simplemente saltar, este saltaba hacia ella como si tratara de atraer su atención. De hecho, Anastasia notó que era un sapo excepcionalmente valiente. No solo no huyó o se escondió, sino que también saltó sobre sus rodillas y la miró a los ojos como si tratara de decir algo.

Anastasia no tenía ni un poco de miedo. En cambio, tenía curiosidad. ¿Por qué un sapo se comportaría de una manera tan extraña? Trató de ponerlo de nuevo en el pasto en caso de que estuviera confundido, pero el sapo saltó de nuevo a su rodilla. Eso fue peculiar. Finalmente, la joven princesa ya no estaba segura de lo que debía hacer, así que puso el sapo peculiar en su bolsillo y se lo llevó a casa. Tal vez, pensó para sí misma, sería más feliz si lo soltara cerca de uno de los muchos estanques del palacio.

Mientras regresaba por el camino hacia el palacio, se encontró con una vieja bruja que la observaba atentamente. Era la misma anciana que había convertido a su hermana en un sapo, pero Anastasia no tenía ni idea de eso.

—¿Tienes una moneda para una anciana? —preguntó—. No he comido en tres días enteros.

Anastasia buscó en sus bolsillos y encontró una pequeña moneda de plata, que le dio a la anciana con una sonrisa.

—Si quieres —dijo la princesa—, puedo llevarte al palacio y pedirle a la cocinera que te prepare algo.

—Eres muy amable —dijo la anciana con una sonrisa pícara—. Y a cambio de tu amabilidad, me gustaría concederte un deseo. Pídeme cualquier cosa y te la daré.

Anastasia estaba un poco desconcertada. ¿Cómo podía esta pobre anciana ofrecerle algo cuando era una princesa rica, y la anciana era poco más que una pobre mendiga?

—Solo tengo una cosa que quiero —respondió—, y dudo que puedas dármela. Sería tener a mi hermana de vuelta conmigo.

—Ah —dijo la anciana con una sonrisa—. Está hablando de la joven Princesa Anabella.

—Sí, es cierto. ¿Cómo supiste de ella?

—Sé muchas cosas, querida. Me has mostrado una gran amabilidad, y ahora tendrás tu recompensa. Cuando vuelvas al palacio, quita ese feo sapo que has escondido en tu bolsillo, y tendrás a tu hermana de vuelta. Quizás ella haya aprendido una lección de la amabilidad que me has mostrado.

Anastasia seguía confundida, pero se apresuró a regresar al palacio. ¿Cómo podía esta mujer saber de su hermana, y cómo podía saber del sapo que había escondido en su bolsillo y que había tenido cuidado de no dejarla ver?

Tan pronto como entró en los jardines del palacio, alcanzó el sapo, pero para sorpresa de Anastasia, ya no estaba allí. Se volvió a buscarlo, pero allí, delante de ella, estaba Anabella. Las dos hermanas saltaron a los brazos de la otra, y pronto todo el palacio estaba celebrando.

El rey y la reina celebraron un gran baile, invitando a toda la gente que había ayudado a buscar a su hija. Para su gran sorpresa, sin embargo, Anabella dijo que no quería un baile en su honor. En su lugar, pidió que su madre y su padre tomaran el dinero y lo usaran para alimentar a la gente pobre de los pueblos de alrededor.

Anabella cambió después de eso. Se interesó mucho menos en su aspecto y empezó a pensar en ayudar a los menos afortunados que ella. La gente sospechaba al principio pero, con el tiempo, se ganó su confianza y se hizo tan popular entre ellos como la princesa Anastasia siempre lo había sido.

Capítulo 11: Los tres hermanos traviesos

En un pequeño pueblo llamado Kokcho, vivían tres hermanos. Eran conocidos como los chicos más traviesos de la ciudad, y se metían regularmente en problemas. Venían de una familia muy rica, pero su padre estaba a menudo fuera por negocios, y como rara vez estaba cerca, no había nadie que los disciplinara. Para ser justos, su madre lo intentó, pero los chicos eran demasiado para ella. Se hacía mucho más fácil para ella darles dinero y enviarlos a la ciudad que manejar sus travesuras.

Los sábados por la mañana era el momento en el que era más probable encontrarlos jugando en las calles del pueblo y buscando problemas. Otro chico del pueblo se llamaba Pieter, y conocía bien a los tres hermanos porque estaba en la misma escuela que ellos. En realidad, como Kokcho era un pueblo tan pequeño, todos los niños del pueblo estaban en la misma escuela que él.

Aunque los tres hermanos eran mayores que Pieter, uno de ellos estaba en su clase, y dos estaban en la clase un año después que él. Esto se debía a que los chicos eran muy traviesos y nunca hacían sus deberes, por lo que se habían retrasado una o dos clases. La familia de Pieter estaba lejos de ser rica, como la familia de los hermanos. Su padre era un pobre zapatero, y rara vez había dinero de sobra para que lo disfrutaran. Sin embargo, eran una familia feliz, y aunque Pieter era hijo único, sus padres estaban muy orgullosos de él y se esforzaban por darle pequeños regalos de vez en cuando.

Un sábado por la mañana, el padre de Pieter lo llevó a un lado y le dio unos centavos y le dijo a su hijo que fuera al pueblo a comprarse dulces. Esto fue un gran regalo para Pieter, y mientras caminaba hacia el pueblo, dejó que su mente vagara y soñara con los dulces que se compraría. No podía decidirse entre cremas de caramelo y bolas de malvavisco, pero quería pasas cubiertas de chocolate y un palito de frambuesa.

Solo había una tienda en Kokcho que vendía dulces. Era un distribuidor general, y también vendía leche, pan, queso y verduras, pero era el caramelo que más atraía a Pieter. La tienda era propiedad de un anciano llamado Sr. Krevit. Estaba arrugado y agachado, pero tenía ojos que brillaban y una sonrisa encantadora que mostraba los huecos donde habían estado sus dientes. Llevar la tienda había hecho al Sr. Krevit bastante rico, y conducía un gran coche negro — probablemente el coche más caro de la ciudad.

Cuando Pieter entró en la tienda, vio los estantes de dulces que corrían por el medio de la tienda. Estaba repleto de diferentes delicias dulces, y Pieter lo notó de inmediato. Puso su mano en el bolsillo para asegurarse de que sus centavos aún estaban allí, y luego vagó por los estantes, añadiendo y restando mientras lo hacía, para poder sacar el máximo provecho de su dinero.

Cuando se dio la vuelta al final de la fila para empezar la siguiente, vio a los tres hermanos, y uno de ellos estaba metiendo unos caramelos en su bolsillo. El Sr. Krevit estaba hablando por teléfono detrás de su mostrador, y no se habría dado cuenta de lo que estaba pasando.

Tan pronto como los hermanos vieron que Pieter había notado que estaban robando, se pusieron los dedos en los labios y le indicaron que se callara.

—Mejor no digas nada —le susurró el hermano mayor a Pieter amenazadoramente—. Toma un poco para ti, y todos podemos irnos con unos dulces del viejo Krevit.

—De ninguna manera —dijo Pieter con cara de sorpresa—. No soy un ladrón, y ustedes tampoco deberían serlo.

—No es realmente robar —susurró uno de los otros hermanos—. El Sr. Krevit nunca se dará cuenta. Mira cuántos caramelos hay aquí.

—Ese no es el punto —dijo Pieter—. Si no es robar, ¿entonces qué es? ¿Crees que si tomas algo pequeño ahora que en años venideros, no empezarás a robar cosas más grandes?

Para entonces, los hermanos se enojaron mucho porque Pieter no quería seguir con sus planes.

—Bueno, no tienes que tomar nada si no quieres, pero mejor no le digas a Krevit, o estarás en grandes problemas.

—Sí —Se unió a otro hermano—. No nos gustan los soplones por aquí.

—Bueno, resulta que no me gustan los ladrones —dijo Pieter.

En el fragor de la discusión, ninguno de los chicos se había dado cuenta de que el Sr. Krevit había terminado de hablar por teléfono y se había puesto detrás de ellos en silencio. Había oído casi todas las discusiones que habían tenido lugar. Extendió uno de sus viejos brazos y agarró al mayor de los tres hermanos por la oreja.

—Creo que todos necesitamos tener una pequeña charla —dijo, llevando a su víctima hacia el mostrador. Hizo que los tres hermanos vaciaran sus bolsillos, y el botín que descubrió fue impresionante. Había paquetes de sorbetes, caramelos de menta, regaliz y varias barras de chocolate.

—Bueno —dijo el viejo—. ¿Quién va a pagar por todo esto?

Los hermanos se miraron entre sí.

—¿Tal vez tenga que llamar al aguacil Watts? Puede que tenga algo que decir sobre esto.

Los hermanos parecían nerviosos. De repente no eran los tipos duros que habían sido unos minutos antes cuando amenazaban a Pieter. Dos le rogaron al Sr. Krevit que no llamara al alguacil, mientras que el hermano menor simplemente estalló en lágrimas.

El Sr. Krevit pensó durante unos minutos.

—Les diré lo que voy a hacer —dijo en voz baja—. En primer lugar, les daré a los tres un cubo y una esponja, y ustedes pasarán el resto de la mañana lavando mi auto. En segundo lugar, se les prohíbe la entrada a mi tienda, y tendrán que aceptar no volver a entrar aquí porque estoy seguro de que no es la primera vez que esto ocurre. ¿Tenemos un trato?

Los chicos no tenían elección, pero estaban felices de hacer cualquier cosa que el Sr. Krevit pidiera si no llamaba a la policía del pueblo. Envió a los chicos con un cubo para lavar su coche, que estaba aparcado en el sol caliente. Para entonces, Pieter había elegido sus dulces y cuidadosamente añadió sus centavos para asegurarse de que podía pagar todo lo que había elegido. Llevó su botín al mostrador y lo dejó junto a la pila de caramelos que los hermanos habían intentado robar.

El Sr. Krevit miró la pila de Pieter y sus centavos, y luego sacudió la cabeza.

—Pieter, eso fue muy valiente de tu parte. —Luego apiló todos los dulces que Pieter había elegido y los puso en una bolsa de papel junto con lo que los hermanos habían robado—. Esa es la recompensa por tu honestidad —dijo, negándose a tomar el dinero que el joven estaba guardando.

Pieter dejó la tienda con el mayor botín de caramelos que había tenido. Mientras se dirigía a casa, pudo ver a los tres hermanos sudando al calor del sol mientras lavaban el coche del Sr. Krevit.

—Asegúrense de que brille para que pueda ver el reflejo de mi cara en la pintura. —Escuchó a ese viejo gritándoles mientras se dirigía a la calle.

Capítulo 12: Pelota de dragón

Hay algo acerca de los dragones que muchos de nosotros los humanos extrañamos. Verás, los dragones no son todos iguales. Hay muchos tipos de dragones.

Hay dragones con alas que vuelan muy alto.

Dragones que respiran fuego y que iluminan el cielo.

Dragones con cola.

Dragones con garras.

Orejas afiladas y puntiagudas.

O grandes mandíbulas hambrientas.

Hay algunos tipos de dragones tan grandes como una casa.

Y otros en algún tamaño entre un gato y un ratón.

Muchos dragones que deambulan por el mundo son amigables y ni siquiera pueden respirar fuego. Viven solo de bayas, hojas, y ocasionalmente de melocotón si pueden encontrar uno. La mayoría de los dragones son bastante tímidos, por lo que rara vez los vemos. Viven en cuevas oscuras y valles profundos. La mayoría de ellos no soñarían con hacer daño a nadie, y ciertamente no querrían ser vistos en la televisión o en una película como los dragones que se ven a menudo en estos días.

Una cosa que a la mayoría de los dragones les encanta es jugar a un juego llamado "pelota de dragón". Se parece mucho al fútbol, excepto que también puedes golpear la pelota con la cola. En las montañas de Gadoma había un campo plano que una vez fue muy popular entre muchos de los niños dragones locales como un campo de pelota de dragón. Todos los tipos de dragones se reunían allí el sábado por la tarde para dividirse en dos equipos y pasaban las siguientes horas jugando PD (como les gustaba llamar a la pelota de dragón).

En esta ocasión en particular, todos los dragones se habían reunido para la habitual tarde de sábado deportivo, es decir, todos, excepto los dos hermanos Rastafire y Lykaburn. Esta pareja rara vez se unía a los otros dragones porque odiaban perder y porque preferían vagar por el bosque y trabajar en sus técnicas de respiración de fuego. Se suponía que no debían hacer esto, pero lo hacían de todos modos.

El resto de los dragones se reunieron, y pronto el juego estaba en pleno apogeo. Muchos de los dragones más pequeños no eran tan rápidos como los grandes, pero eran un grupo amable y por eso siempre se les animaba a unirse. A medida que el juego avanzaba, el capitán del equipo, Lekie, se detuvo y olfateó el viento.

—Puedo oler el humo —dijo.

En ese momento, el balón pasó por delante de él hacia la portería, y se vio obligado a perseguirla para evitar que se marcara un gol. Unos minutos después, se detuvo de nuevo para oler el aire. Esta vez los otros también se detuvieron porque el olor a humo se estaba volviendo muy fuerte.

—¿Qué crees que es? —preguntó Piwi. Piwi era un pequeño dragón que era tan lento que era terrible en la pelota de dragón, pero era muy popular entre los otros niños. Aunque era lento, siempre le dejaban jugar, y su determinación compensaba su falta de velocidad.

—Creo que Rastafire y Lykaburn han incendiado el bosque —respondió Lekie. Mientras hablaba, vieron los primeros finos hilos de humo que aparecieron sobre los árboles de la colina.

—Tal vez deberíamos bajar hacia el río, por si acaso —dijo uno de los otros dragones.

—No, juguemos al PD un poco más. Probablemente no sea nada —dijo otro dragón.

A esos dragones les encantaba jugar a la pelota de dragón, así que pronto volvieron a patear la pelota, y por unos momentos, se olvidaron de cualquier pensamiento de fuego. Todo eso cambió cuando Piwi volvió a hablar.

—Puedo ver las llamas —gimió.

Los dragones detuvieron su juego de nuevo, y para entonces, estaba claro que Piwi tenía razón. Las llamas de color naranja brillante eran visibles entre los árboles.

—Bien. Todos al río —dijo Lekie.

Había un fuerte viento ese día, y el río aún estaba a cierta distancia. Cuando llegaron a las orillas del río, el humo se hizo espeso, y estaba claro que estaban en peligro.

—Naden hacia el otro lado —ordenó Lekie, que permaneció tan tranquilo como siempre. A algunos dragones no les gusta el agua, pero ninguno tenía elección, así que todos cruzaron el río a nado donde el fuego no podía alcanzarlos. Los que eran nadadores fuertes ayudaron a los que no estaban tan cómodos en el agua.

Cuando estaban a salvo en el otro lado, Lekie hizo un recuento, y pronto quedó claro que faltaba un dragón.

—¿Dónde está Piwi? —preguntó preocupado. Los otros dragones se miraron unos a otros.

—No lo hemos visto desde que dejamos el campo —dijo un dragón—. Ya sabes lo lento que es.

Lekie miró al otro lado del río donde el humo oscureció casi todo, y era fácil ver las llamas saltando de árbol en árbol.

—Quédense todos aquí —gritó Lekie—. Voy a volver a por Piwi.

—¡No puedes hacer eso! —gritaron los otros—. Es demasiado peligroso.

Antes de que nadie pudiera detenerlo, Lekie se había zambullido de nuevo en el agua y estaba nadando hacia el otro lado. Cuando salió, el humo era tan espeso que le costaba respirar, y apenas podía ver adónde iba. Valientemente se adelantó de todos modos, aunque hacía tanto calor que tuvo que cubrirse la cara con el brazo. Subió la colina hacia el campo de PD, pero la situación era desesperada.

Asfixiado por el humo y luchando contra el calor, Lekie se adelantó, pero sabía que nunca llegaría hasta el campo. Estaba a punto de darse por vencido cuando escuchó una pequeña voz graznante que venía de algún lugar en la oscuridad.

—¡Ayúdenme!

—Piwi, ¿dónde estás?

Lekie se adelantó, aunque sentía su camino en vez de ver nada. Finalmente, estaba tan caliente que estaba a punto de rendirse cuando su mano cayó de repente sobre una pequeña cola. Agarrándola, la tiró, y pronto tuvo al pequeño dragón metido bajo su brazo.

Se dio la vuelta y corrió colina abajo tan rápido como sus patas de dragón lo llevaban, pero para entonces, las llamas estaban ganando velocidad, y por un momento, parecía como si no fuera a volver al río. Por un instante, el humo se despejó ligeramente, y Lekie vio la luz rebotando en la superficie del agua. Al menos corría en la dirección correcta, pensó para sí mismo. Corrió hacia adelante tan rápido como pudo, y luego, tan pronto como estuvo lo suficientemente cerca, se zambulló en el agua con Piwi todavía metido bajo el brazo.

Los otros dragones los vieron venir y salieron nadando para ayudarles a volver a la seguridad. Cuando llegaron al otro lado del río, los dos dragones estaban en la orilla, demasiado débiles para moverse pero a salvo al fin. La punta de la cola de Lekie estaba quemada, y la mayoría de las escamas de Piwi estaban chamuscadas, pero aparte de eso, la pareja estaba ilesa.

Poco después de eso, escucharon la sirena del viejo y cansado camión de bomberos de la aldea de Gadoma. La aldea era pobre y solo podía permitirse un camión de bomberos, pero los bomberos pronto combatieron el fuego con valentía, y finalmente, consiguieron controlar el fuego; solo después de eso fue seguro que los niños dragones volvieran a cruzar el río.

Esa noche, mientras yacía en la cama con su madre sentada a su lado, Lekie intentó contarle toda la aventura que había vivido. Sus párpados estaban pesados, y siguió asintiendo con la cabeza a mitad de la historia. Su cama era cálida y acogedora y, al final, supo que su necesidad de dormir era más fuerte que él.

Días más tarde, Lekie recibió un premio por su valentía de manos del alcalde. Su mayor recompensa, sin embargo, fue tener a su amigo Piwi de vuelta con él sano y salvo. Rastafire y Lykaburn nunca admitieron haber iniciado ese fuego, y hasta hoy, nadie está realmente seguro de si fueron responsables o no. Pero, afortunadamente, todos están a salvo.

Capítulo 13: El pez que bailó

Lokie, el dragón y algunos de sus amigos eran muy aficionados a la pesca. Nada les gustaba más que recoger sus aparejos de pesca y dirigirse al pequeño río que pasaba por el borde del pueblo. Allí, lanzaban sus anzuelos al río y atrapaban cualquier pez que pudieran.

Un día en particular, Lokie y sus amigos Archie y Gerald se dirigieron al río, y en solo dos horas, habían capturado más de diez peces. Se felicitaron por el maravilloso éxito que habían tenido cuando Lokie notó que se hacía tarde.

—Cada uno tendrá una lanzada más, y será mejor que nos pongamos en marcha —dijo—. Si llegamos tarde a casa, estaremos en un gran problema, aunque lleguemos con muchos peces para la cena.

Gerald tuvo el primer lanzamiento, pero ni siquiera picó. A su lado, la de Archie picó, pero lo que sea que haya atrapado su carnada pronto se escapó, lo que solo dejó a Lokie con su línea en el agua. Estaba a punto de darse por vencido cuando su línea se tensó de repente, y la punta de su caña de pescar se dobló.

Tiró y se esforzó, pero lo que había al otro lado de la línea no se rindió sin luchar. En un momento dado, parecía que la caña se iba a romper, pero Lokie luchó con el pez sin romper la caña o su línea. La lucha continuó durante más de media hora antes de que finalmente, con la ayuda de sus dos amigos, arrastraran al pez del agua. Era el pez más grande que cualquiera de ellos había atrapado, y mientras yacía en el pasto, lo miraron con asombro. No se parecía a ningún pez que los tres jóvenes dragones hubieran visto antes. Tenía grandes escamas de oro que parecían monedas de oro y ojos muy grandes.

—Vaya —exclamó Archie—. Nunca había visto un pez tan grande. ¿Quién se imaginaría que una criatura así pudiera salir de nuestro pequeño río?

—Tu familia comerá pescado durante una semana —dijo Gerald.

En ese momento, ocurrió algo muy sorprendente. El pez comenzó a hablar.

—Si me devuelves al agua y me dejas ir, te concederé tres deseos —dijo.

—¿Qué les parece? —preguntó Lokie mirando a sus amigos.

—Creo que es tu pez, así que deberías ser tú quien decida —le dijo Archie a Lokie.

—Bien, Sr. Pez —dijo Lokie—. Mi amigo Archie necesita nuevas zapatillas de fútbol, y también mi amigo Gerald.

—Eso haría dos deseos —señaló rápidamente el pez.

—Eso no importa —respondió Lokie—. Los dos necesitan de verdad esas zapatillas.

—Bien —dijo el pez, y se puso de pie en la cola e hizo una ligera reverencia hacia los tres pequeños dragones. Hubo una fuerte explosión y un destello de luz, y el aire se llenó de humo. A medida que el humo se despejaba y los dragones volvían a ver, se hizo evidente que tanto Gerald como Archie llevaban ahora unas zapatillas de fútbol nuevas.

—Es increíble —gritó Archie—. ¿Qué es lo siguiente que vas a pedir?

—Te vendrían bien unas zapatillas nuevas para ti —sugirió Gerald.

Lokie se quedó callado por unos momentos, pero finalmente habló.

—Creo que para mi último deseo, me gustaría un nuevo camión de bomberos para el pueblo. El que tenemos es muy viejo, y sería bueno si pudiéramos tener uno nuevo.

El pez, que todavía estaba de pie sobre su cola, hizo un rápido baile seguido de una de sus tontas reverencias, y una vez más, hubo una fuerte explosión, y el aire se llenó de humo. Esta vez cuando el humo se despejó, apareció un camión de bomberos de color rojo brillante en la hierba al lado de los tres dragones.

—Bien, Sr. Pez, ciertamente has cumplido tu palabra, y ahora es el momento de que nosotros cumplamos la nuestra. Eres libre de irte.

—Fuiste muy generoso al pedir deseos para los demás —dijo el pez—, y como pensaste en los demás antes que en ti mismo, voy a concederte un deseo más, como circunstancia excepcional, entiendes.

—Bueno, eso es una sorpresa —dijo Lokie—. Creo que me gustaría una nueva pañoleta para mi madre. La suya se está haciendo muy vieja, y necesita una nueva.

Con un giro y una vuelta, seguido de otro pequeño arco por el pez, hubo otro sonido explosivo y otra nube de humo. Cuando el humo se despejó, una hermosa pañoleta de seda se encontraba en la hierba.

—Y con eso —dijo el pez—, es hora de que te deje. —Dio otra vuelta y un giro, seguido de una pequeña voltereta, y desapareció en el agua. Para entonces, los dragones llegaron muy tarde, pero todos los perdonaron cuando llegaron al pueblo y le presentaron al jefe de bomberos un flamante camión de bomberos.

Más tarde esa noche, mientras yacía en la cama, su madre vino a darle las buenas noches. Llevaba su pañoleta nueva, y se sentó junto a Lokie mientras él le contaba una vez más sobre el pez que bailaba. Había contado la historia a menudo desde su regreso, pero ahora era tarde, y había sido un día emocionante. A mitad de la historia, sus ojos comenzaron a cerrarse, y no llegó al final esta vez antes de quedarse dormido. Una vez que estuvo segura de que dormía profundamente, su madre salió de la habitación y regresó unos minutos después con zapatos de fútbol nuevos para Lokie. Los encontraría cuando se despertara por la mañana. Esa fue la recompensa de su madre para Lokie por pensar en los demás antes que en sí mismo.

Capítulo 14: El chico pobre y el dragón

En una tierra lejana, una vez vivió un niño muy pobre. Compartía una pequeña cabaña con su abuela y su hermanita. Sus padres habían muerto hacía mucho tiempo, y su abuela había accedido a hacerse cargo de los dos huérfanos. Cuando eres viejo, cuidar de dos niños pequeños puede ser muy difícil, especialmente cuando eres pobre. La abuela nunca se rindió y siempre hizo lo que pudo por sus dos nietos, pero pagó un alto precio por todos sus esfuerzos.

Con el tiempo, todo el trabajo extra que se requería le pasó factura a la anciana. Afortunadamente, para entonces, el nieto, llamado David, salió a buscar trabajo. Algunos días, ganaba lo suficiente para comprar un poco de pan, pero en otros, el trabajo era escaso y como era joven y pequeño, a menudo no le ofrecían trabajo.

Con el tiempo, la salud de la abuela decayó, y a medida que se volvía más anciana y delgada, se le hizo más y más difícil incluso salir de la cama. David estaba desesperado por dinero o un poco de comida, pero parecía no haber nada que pudiera hacer.

Un día, David oyó hablar de un dragón que vivía en una cueva en las montañas no muy lejos de su pueblo. El dragón era aparentemente grande y feroz, y le había robado una olla de oro al rey. El rey estaba furioso, y había ofrecido la mitad de la olla de oro a cualquier caballero que pudiera matar al dragón y recuperar el oro. Por lo que David se enteró, había habido muchos caballeros que habían aceptado el desafío, y hasta ahora, el dragón los había derrotado a todos. David estaba fascinado por la historia, o al menos por la posibilidad de media olla de oro, pero sabía, como un niño pequeño y débil, que no había manera de que fuera un rival para el dragón.

Una mañana temprano, mientras caminaba hacia el pueblo en busca de trabajo, vio a una anciana caminando por el sendero delante de él. En su hombro, llevaba una pesada bolsa, y cuando se acercó a ella, David se ofreció a llevarla por ella. Ella estaba cansada, y felizmente accedió a dejar que el joven llevara la pesada carga. La bolsa era sorprendentemente pesada, pero David no se quejó, y la llevó hasta las afueras de la ciudad donde la anciana dijo que iría en una dirección diferente a la que él estaba llevando.

Mientras le devolvía la bolsa, se disculpó por no llevarla más lejos y le explicó que necesitaba ir al pueblo a buscar trabajo. La señora dijo que no le importaba y le agradeció profusamente todo lo que había hecho. Después de eso, metió la mano en un bolsillo de su vestido y sacó una pequeña botella que le dio.

—Esto —le explicó al joven—, es una poción mágica para dormir. Si se la das a alguien o a alguna criatura, los hará dormir por lo menos una semana. No tengo nada más para darte, pero espero que algún día esta pequeña recompensa te devuelva el dinero por ayudarme con mi carga.

David no sabía qué hacer con la botella, pero estaba agradecido de haber ayudado a la anciana, así que se lo metió en el bolsillo y siguió su camino hacia el pueblo. Era un día caluroso, y se sentó en la plaza del pueblo hasta el mediodía, pero nadie quería ofrecerle trabajo. Mientras estaba sentado allí, un caballero entró en el pueblo en un gran caballo blanco. El hombre llevaba una brillante armadura, y llevaba un escudo gigante. De su cinturón colgaba una espada de aspecto vicioso. Pronto todos los aldeanos hablaban de él, y por lo que David escuchó, el caballero trató de vencer al dragón y obtener su recompensa.

David decidió esperar en el pueblo y ver si el caballero tenía éxito y no. No tenía sentido apresurarse a casa, ya que no tenía comida para llevar a su hermana o a su abuela enferma. Pronto el caballero dejó la ciudad, dirigiéndose a las colinas donde se rumoreaba que vivía el gran dragón. David supuso que pasaría muchas horas antes de que regresara. Seguramente una batalla con un gran dragón debía ser un proceso largo y lento. En cambio, el caballero regresó después de menos de una hora. Parecía acosado y cansado, y su caballo estaba cubierto de hollín negro. Claramente, el dragón había sacado lo mejor de ambos. Desanimado y vencido, el caballero salió cabalgando de la ciudad, sacudiendo la cabeza.

Aunque verlo en tal estado fue impactante, hizo que David pensara. Se preguntaba si había alguna manera de meter algo de la poción mágica que la anciana le había dado en la comida del dragón. Si la poción era tan fuerte como ella había sugerido, entonces quizás el dragón se quedaría dormido lo suficiente como para permitir a David entrar en la cueva y salir con la famosa olla de oro.

Era una idea audaz y desesperada. Pero David sabía que estaba en un estado desesperado y no tenía nada que perder. Sin esperar más, en caso de que se acobardara, se dirigió directamente a la senda que el caballero acababa de recorrer. Pronto el pueblo estaba muy atrás de él, y mientras avanzaba por el estrecho camino, el bosque se hizo cada vez más denso hasta que las sombras lo hicieron casi oscuro. David se estaba poniendo muy nervioso, pero no se permitió pensar en lo que podría salir mal. En cambio, se concentró en lo que haría con la olla de oro si la obtenía. El camino siguió subiendo aún más, y finalmente, justo cuando estaba a punto de rendirse, vio la boca de una profunda cueva.

No podía ver nada dentro de la oscuridad, pero estaba seguro de que este era el hogar del temido dragón. En silencio, David se arrastró hasta el borde de la cueva y miró dentro. Estaba tan oscuro que no podía ver nada, pero podía oír el profundo y constante ruido de algo que respiraba. Ahora estaba convencido de que este era el hogar del dragón que había robado el oro del rey. David se preguntó cómo podría engañar al dragón para que tomara la poción mágica que la anciana le había dado. Se alejó de la entrada de la cueva y se sentó en la hierba para pensar. Se dio cuenta de que encima de la cueva había un manzano, y delante de la cueva había una pila de corazones de manzana casi del tamaño de una pequeña colina.

David se preguntó si cubría una manzana con la poción mágica, si podía tentar al dragón para que se la comiera. Miró a su alrededor en la hierba y vio una manzana roja brillante. Levantó la pequeña botella de su bolsillo y vertió parte de la poción en la piel de la manzana. Tuvo que tener mucho cuidado de no dejar caer la poción sobre sí mismo en caso de que le hiciera dormir. Después de eso, arrojó la manzana con cuidado frente a la entrada de la cueva, y luego se escondió detrás de un árbol y esperó a ver qué pasaba.

Pasó una hora completa antes de que David finalmente escuchara el movimiento en la cueva. Poco después de eso, el Dragón gigante se arrastró fuera de la entrada de la cueva, donde vio la manzana que estaba en el suelo. El dragón olfateó la manzana con cautela y, por un segundo, David se preocupó de que pudiera detectar la poción que había echado en ella. En su lugar, el dragón cogió la manzana en una de sus manos con garras y se sentó y la masticó.

Después de eso, las cosas pasaron bastante rápido. El dragón dio un gran bostezo y luego se dio la vuelta y volvió a la cueva. Solo unos minutos más tarde, se podía oír el sonido de fuertes ronquidos saliendo de la cueva. David estaba nervioso, pero sabía que ahora era su única oportunidad, así que se arrastró hasta el borde de la cueva. Mirando dentro, pudo ver la forma del dragón gigante acurrucado en una bola en la parte trasera de la cueva.

De puntillas, David se arrastró dentro de la cueva, listo para girar y correr en cualquier momento. Todo el tiempo, el dragón roncaba fuerte. Justo en la parte trasera de la cueva, David vio un contenedor. Se acercó a él, y por supuesto, era la olla de oro que había atraído la atención de tantos caballeros a lo largo de los años. Se necesitó toda la fuerza de David, pero arrastró esa olla fuera de la cueva y volvió a bajar la colina hasta el pueblo del que había venido. Mientras tanto, el sonido de los ronquidos del dragón continuaba.

Cuando David presentó la olla de oro al rey, este no podía creer lo que veía. Había observado a docenas de caballeros a lo largo de los años mientras intentaban luchar contra el dragón, y ahora, un niño pequeño le estaba presentando su oro. El rey quedó tan impresionado con el valor de David que no solo le dio la mitad de la olla de oro como recompensa, sino que también le regaló una casa en el pueblo mucho más cómoda que la que tenían su hermana y su abuela.

Cuando David regresó a casa con su abuela enferma con una pila de oro y la noticia de su aventura, ella apenas podía creer lo que estaba escuchando. Por su parte, David estaba tan cansado después de su viaje por la montaña y de acercarse sigilosamente al dragón gigante que se durmió casi antes de poder terminar de contarle su gran aventura.

Capítulo 15: Remington la gaviota

Remington era una gaviota y, como todas las gaviotas, le gustaba seguir a los barcos de pesca y recoger las sobras que los pescadores tiraban. Remington era una gaviota muy popular, y vivía con una bandada de otras gaviotas en el pequeño puerto pesquero. Cada mañana las gaviotas veían salir a los barcos de pesca, y luego elegían uno y lo seguían mientras navegaba hacia el mar, buscando una captura.

El problema era que las gaviotas no tienen forma de diferenciar entre un barco pesquero y los otros barcos que salen regularmente del puerto. Un día Remington y sus amigos siguieron un barco del puerto que era un barco pirata y no un barco de pesca. A los pescadores no les importa que los sigan las gaviotas, y felizmente comparten parte de la captura con las aves que siguen al barco. Los piratas, por otro lado, odian a las gaviotas y, en esta ocasión, fue un barco pirata el que las gaviotas eligieron seguir.

Por supuesto, los pájaros no tenían forma de saberlo, y solo seguían al barco, esperando recoger algo de comer. Cuando se acercaron un poco más para ver lo que sucedía en la cubierta, los piratas se molestaron rápidamente por la presencia de estos ruidosos pájaros. Uno de ellos se agachó y cogió un trozo de metal que estaba en la cubierta, y mientras las gaviotas se acercaban, lo lanzó a la bandada de pájaros. El trozo de metal giró en el aire y se estrelló contra el ala de Remington.

Remington ni siquiera había visto venir el trozo de metal, y la primera vez que se enteró fue cuando sintió un dolor agudo en su ala izquierda. Remington era un pájaro joven, y el ataque fue inesperado. Toda su vida, había asociado los barcos con la comida.

El trozo de metal que le habían lanzado rompió su ala, y Remington giró por el aire y se estrelló en el agua. El dolor era malo, pero lo peor era que ahora Remington no podía volar. Remaba entre las olas con sus pies, pero aunque lo intentó, no pudo despegar de nuevo.

Para una gaviota, ser incapaz de volar significaría la muerte. Las gaviotas necesitan viajar grandes distancias para llegar a la comida, y con un ala rota, sería solo cuestión de tiempo antes de que Remington muriera de hambre o fuera avistado por un tiburón y comido vivo. Los amigos de Remington entendieron el peligro en el que estaba, y aterrizaron en el agua cercana para tratar de ayudarlo y alentarlo.

—No te preocupes, Remington, te cuidaremos —le dijeron los otros pájaros—. Nos turnaremos para traerte comida.

Fue una oferta amable y generosa, pero tanto el Remington como las otras gaviotas sabían que había pocas posibilidades de que sobreviviera con un ala rota. Todas flotaban en el agua, con un aspecto sombrío y deseando que hubiera algo que pudieran hacer. Fue mientras estaban flotando allí que una sirena apareció de repente de las profundidades entre ellos.

La sirena, llamada Cindy, echó un vistazo a Remington y supo que había un serio problema. Ella levantó cuidadosamente el pájaro herido, y luego, nadando en la superficie, lo llevó a una pequeña playa en una isla no muy lejos de donde el ataque había tenido lugar. Cuando lo llevó allí, recogió algunas algas y cuidadosamente ató su ala rota. Después de eso, encontró comida para él y comenzó a cuidarlo con cautela para que recuperara la salud.

Pasaron muchos meses antes de que Remington pudiera volar de nuevo. Él y Cindy se convirtieron en grandes amigos. Cada mañana ella cambiaba las algas del ala herida antes de nadar hacia el mar para atrapar peces para que el pájaro los comiera. Por las noches, cuando dormía entre las rocas, Remington dormía acurrucado a su lado, seguro sabiendo que la sirena le protegería de cualquier depredador.

Eventualmente, el ala se curó, y ya no era necesario atarla con algas por las mañanas. Lentamente al principio, Remington estiró y ejercitó el ala, y eventualmente, tomó vuelos cortos. Después de eso, los vuelos se hicieron más y más largos hasta que finalmente, voló tan bien como antes de la lesión.

Cuando Remington, por fin, alcanzó a todos sus amigos, no podían creer lo saludable que se veía y lo bien que podía volar. Aunque era agradable para Remington volver con su familia y amigos, se había encariñado mucho con Cindy la sirena, y a menudo la buscaba en la isla y pasaba el día con su nueva amiga.

Las sirenas son criaturas tímidas, y no hacen amigos muy fácilmente, pero Cindy siempre se alegraba cuando Remington podía tomarse el tiempo para juntarse con ella. A menudo, el pájaro y la sirena se tumbaban juntos en la cálida arena, uno al lado del otro bajo el sol de la tarde. No podían hablar entre ellos, pero eso no parecía dañar la amistad. Con el sol calentando suavemente sus cuerpos en la arena debajo de ellos, la pareja estaba feliz de estar juntos y acostarse uno al lado del otro. A menudo, se sentían tan cómodos que se dormían tranquilamente en la playa.

Capítulo 16: Las lágrimas de la sirena

Hubo una vez un pirata que llegó a creer que las perlas estaban hechas de lágrimas de sirena. Le apasionaba tanto esta idea que se propuso capturar una sirena con la esperanza de que pudiera hacer su fortuna.

No es cierto el rumor de que las perlas están hechas de lágrimas de sirena. El pirata no era lo suficientemente listo para saber eso. Estaba seguro de que si capturaba una sirena, todo lo que tendría que hacer sería hacerla llorar, y podría convertirse en uno de los hombres más ricos del mundo.

Reuniendo a sus hombres, condujo su barco fuera del puerto y hacia una pequeña isla donde se decía que vivían las sirenas. La isla estaba a muchas millas del puerto porque las sirenas son criaturas tímidas, y no se quedan donde hay gente. El barco pirata tardó varios días en llegar a la isla, y cuando lo hizo, navegaron dando vueltas mientras el pirata miraba a través de su telescopio, buscando señales de sirenas.

Después de muchos días sin ver una sirena, el pirata y su tripulación estaban a punto de rendirse e irse a casa. Fue entonces cuando un hombre, sentado en el nido de cuervo justo en la parte superior del mástil, de repente gritó que podía ver una sirena acostada en algunas rocas en el borde de la isla. Inmediatamente, el pirata cambió de rumbo y se dirigió en la dirección que el marinero estaba señalando.

Había una sirena tendida en las rocas, pero tan pronto como vio el barco que venía hacia ella, se deslizó en el agua y desapareció por unos minutos. Aunque la tripulación había perdido de vista a la presa, sabían que la sirena tendría que salir a tomar aire tarde o temprano. El pirata ordenó a todos los tripulantes que se pusieran en cubierta, y todos los marineros se asomaron al mar con la esperanza de ver a la sirena.

Varios minutos después, la sirena asomó la cabeza por encima de la superficie para tomar un respiro. Fue vista rápidamente por uno de los tripulantes, y el pirata cambió de rumbo otra vez para dirigirse hacia ella. Una vez más, la sirena se zambulló, y una vez más, todos los marineros escudriñaron el agua para ver por dónde subía. La caza continuó durante más de una hora. Una y otra vez, la sirena salió a tomar aire, y cada vez el barco se volvió para seguirla.

El problema era que la sirena se cansaba, y cada vez que se zambullía, se quedaba abajo un poco menos de tiempo. Esto facilitaba que el barco se acercara a ella y le hacía cada vez más difícil escapar. Finalmente, fue demasiado para la pobre sirena. Subió a la superficie, desesperada por aire, y antes de que pudiera volver a bajar, un marinero se zambulló en el agua y la agarró firmemente por la cintura. La tripulación le tiró una cuerda, y pronto la sirena exhausta fue sacada del agua y dejada caer sobre la cubierta del barco.

—Ah-ha —gritó el pirata—. Ahora, tendré mis perlas. Me harás rico, cosita bonita.

Si el pirata pensó que sería difícil hacer llorar a la sirena, se equivocó. Cansada y asustada, ella estalló en lágrimas casi tan pronto como él habló. Esto deleitó al pirata hasta que se dio cuenta de que sus lágrimas eran las mismas que las de cualquier otra persona y que no aparecían perlas. El pirata estaba furioso.

—¿Dónde están las perlas? —gritó—. Se supone que tus lágrimas se convierten en perlas. ¿Qué te pasa?

La pobre sirena no tenía ni idea de lo que estaba hablando, y todo lo que su ira hizo fue hacerla más temerosa y aún más llorosa. No importaba cuanto llorara, no había ninguna señal de que esas lágrimas se convirtieran en perlas.

Más enojado que nunca, el pirata no estaba seguro de qué hacer con su prisionera. Había perdido días cazándola, y ahora quería ver algún retorno por todo su esfuerzo. Finalmente, decidió que si no podía hacer que produjera lágrimas que se convirtieran en perlas, la llevaría de vuelta al puerto e intentaría venderla. Tal vez, pensó para sí mismo, un zoológico estaría interesado en tener una sirena como una de sus atracciones.

La sirena asustada no podía hacer otra cosa que tumbarse en la cubierta y temblar cuando el barco se giraba y apuntaba su nariz hacia el puerto del que venía. Mientras estaba acostada allí, la sirena vio una gaviota en lo alto del cielo sobre el barco. No lo reconoció a esa distancia, pero como el pájaro bajó un poco más, supo que se trataba de una gaviota llamada Remington, a la que una vez había ayudado cuando tenía un ala rota.

Desde su elevada posición en el cielo, el agudo Remington pudo ver que la sirena de la cubierta se llamaba Cindy. Se había convertido en su amiga cuando esos mismos piratas le rompieron el ala lanzándole un trozo de metal. Remington odiaba a los piratas, y tan pronto como vio a su amiga en la cubierta, supo que tenía que ayudar. La única pregunta era cómo una pequeña gaviota podía enfrentarse a un barco lleno de piratas. Pasó por encima del barco, gritando con su áspera voz de gaviota mientras lo hacía. Sabía que, aunque la sirena no entendiera lo que decía, sabría que la había visto. Remington esperaba que esto le diera coraje mientras se le ocurría un plan.

Después de eso, Remington dio la vuelta y se dirigió hacia el puerto donde pronto fue rodeado por sus muchos amigos gaviotas. Rápida y desesperadamente, les explicó cuál era la posición de la sirena atrapada. Desde el ataque a Remington, las gaviotas habían aprendido a detectar un barco pirata, pero ahora le temían y siempre se mantenían bien alejadas en caso de que uno de los piratas lanzara algo e hiriera a otro pájaro.

Aunque los pájaros tenían miedo, todos sabían que tenían que ir en ayuda de la sirena e intentar alejarla de los piratas. También sabían que era su oportunidad de pagarle por cuidar y atender a su amigo Remington.

Como uno solo, toda la bandada de gaviotas se elevó y siguió a Remington mientras los guiaba hacia el barco pirata. No tenían un plan real y sabían que solo eran gaviotas, pero eso no los hacía menos decididos.

Pronto llegaron al barco pirata y, sin dudarlo, siguieron a Remington mientras empezaba a bombardear en picado sin miedo a los hombres del barco. Los piratas nunca antes habían sido atacados por gaviotas y fueron tomados completamente por sorpresa. De repente, pájaro tras pájaro los bombardearon en picado, y los hombres se vieron obligados a agacharse para cubrirse. El capitán dirigía el barco desde detrás del timón, y estaba muy expuesto a las gaviotas furiosas. Una tras otra, las gaviotas pasaron por su cabeza, dándole una patada o un picotazo si se les daba la más mínima oportunidad. Cada vez que eso ocurría, el capitán tenía que agacharse, y el barco se desviaba cada vez más del rumbo.

Era una situación para la que los piratas no estaban preparados. Un minuto navegaban felices hacia el puerto, y al siguiente, eran bombardeados por nubes de gaviotas furiosas. Las gaviotas les gritaban, los picoteaban e incluso les hacían caca. El barco pirata giró de lado a lado mientras el capitán trataba de evitar a las gaviotas que bombardeaban en picada.

En medio de este caos, Cindy, la sirena, se deslizó al borde del barco y cayó al agua. Los piratas ni siquiera notaron su escape. Sin embargo, Remington y las gaviotas se habían dado cuenta, pero eso no les impidió seguir bombardeando a los piratas. A decir verdad, lo estaban encontrando bastante divertido.

Siguieron atacando durante un tiempo, y cuando decidieron que los piratas ya estaban hartos, el barco y su tripulación estaban blancos con excrementos de gaviota. Pasaría otra hora antes de que el apestoso barco finalmente llegara al puerto. Más o menos al mismo tiempo, Remington desembarcaba en la isla junto a su amiga Cindy, la sirena. Le acompañaría durante la noche y se aseguraría de que durmiera sana y salva después de su terrible experiencia.

Capítulo 17: El zoológico de los dragones

Hubo una vez un poderoso mago que coleccionaba dragones y los colocaba en jaulas en un gran zoológico. Coleccionaba dragones, y la gente pagaba grandes sumas de dinero para ver las diferentes especies que había coleccionado.

Aunque para el mago, este era un negocio rentable, era terrible para los dragones. Los dragones son criaturas acostumbradas a ser libres, y se ponen muy tristes cuando están confinados en jaulas. Se ponen aún más tristes cuando día tras día la gente se queda mirándolos fijamente.

La gente siempre tuvo miedo a los dragones, y cuando se corrió la voz de que el mago recogía dragones enjaulados, siempre había una gran demanda para verlos. La mayoría de la gente siempre asumió que los dragones eran criaturas peligrosas que respiraban fuego. Siempre se sorprendían cuando descubrían que eran muy pocos tipos de dragones que podían realmente respirar fuego y eran peligrosos. La mayoría de los dragones son criaturas pequeñas e inofensivas que son tímidas.

Cada semana, más o menos, el mago unía un carro a dos bueyes muy grandes. Luego lo llevaba a las montañas en busca de dragones para el zoológico. Tenía un simple truco para atrapar dragones. El mago tenía una poción mágica que, cuando se colocaba en la comida de un dragón y se comía rápidamente, ponía al dragón en un sueño muy profundo. Entonces el mago subía al dragón dormido al carro y lo llevaba a su zoológico. Para cuando el dragón se despertara, ya estaría enjaulado detrás de las barras de acero.

Cada mañana los dragones se acurrucaban y se escondían en la parte trasera de sus jaulas para intentar tener un poco de privacidad de las miradas entrometidas que se concentraban en ellos durante el día. Por la noche, cuando el zoológico estaba cerrado, el único sonido que se oía era el de dragones tristes sollozando.

Un dragón que sollozaba para dormir cada noche era un pequeño dragón llamado Claudio. Hasta que fue capturado por el mago, Claudio había vivido una vida feliz con sus dos padres en lo alto de las montañas. Allí pasaba el día jugando con sus amigos o con su madre y su padre. Cuando sus padres recibieron la noticia de que su hijo había sido capturado, quedaron devastados.

La madre de Claudio había estado escuchando rumores de dragones desaparecidos durante muchos años, pero nunca imaginó que su hijo Claudio sería uno de los desaparecidos. Se negó a aceptar que su hijo se había ido para siempre. En su lugar, lo buscó por todas partes. Día tras día, vagaba por las colinas y los bosques y buscaba a su hijo. Cada criatura que encontraba, la interrogaba por si encontraba noticias del paradero de Claudio.

Una vez, cuando estaba buscando en el bosque, se encontró con Raven. Cuando le preguntó si había visto un dragón, Raven le habló del zoológico de dragones en la aldea al pie de las montañas. Aunque la madre de Claudio se sorprendió por la noticia, al menos ahora sabía dónde estaba su hijo, e hizo un plan para recuperarlo.

Reunió a muchos dragones y les habló del zoológico que Raven había mencionado. Muchos de estos dragones también habían perdido amigos y familiares, y se sorprendieron al escuchar sobre el zoológico. Todos se dieron cuenta de que necesitaban agruparse para liberar a los dragones capturados. El problema era que no sabían qué hacer. Se rumoreaba que el mago era muy poderoso, y si se enfrentaban a él, podía lanzar un hechizo sobre cualquiera de ellos.

Al final, la reunión con los dragones no le llevó a ninguna parte. Todos estaban demasiado asustados del mago como para tomar alguna acción. La madre de Claudio estaba tan triste que lo único que podía hacer era arrastrarse a su cueva y sollozar. A pesar de que su marido trató de consolarla, la madre de Claudio siguió llorando toda la noche.

Hay algo que debes entender sobre las lágrimas de dragón. Son muy grandes y muy húmedas. Sin que los padres de Claudio lo supieran, durante años habían compartido su cueva con un pequeño ratón, y todas las lágrimas se derramaban en su agujero de ratón y lo mojaban.

De repente, los padres de Claudio fueron molestados por una pequeña voz indignada.

—Oye, ¿podrías dejar de llorar? Estás inundando mi casa.

Los dos dragones se miraron el uno al otro. ¿Quién era esta pequeña y desaliñada criatura que les gritaba a pesar de su pequeño tamaño?

—Lo siento—dijo la madre de Claudio—. No quise hacerlo.

—¿Qué es tan malo que te hace llorar tanto e inundar mi casa de todos modos? —preguntó.

—Un mago ha robado a nuestro hijo y lo mantiene en un zoológico al pie de las montañas —respondió la Sra. Dragón.

—Bueno, ¿por qué no vas allí y lo traes de vuelta? —preguntó el ratón—. Al menos de esa manera, podría ser capaz de dormir un poco.

—No es tan fácil como eso —explicó el padre de Claudio—. El mago es muy poderoso, y podría lanzarnos un hechizo. Es más, ninguno de los otros dragones nos ayudará.

—Oh, cielos —dijo el ratoncito gruñón—. Supongo que tendré que ayudarles. Llévenme al zoológico y veré qué puedo hacer.

Los dos dragones se miraron el uno al otro. ¿Quién era esta pequeña criatura tan intrépida y cómo podía ayudar?

—Vamos, vamos —dijo el ratón—. No tengo todo el día y necesito desesperadamente dormir.

Poco después, los dos dragones bajaron de la montaña con el pequeño ratón montado en la espalda del padre de Claudio. Era un largo camino hasta la aldea, y estaba oscureciendo cuando finalmente llegaron. En las afueras había una zona vallada con un gran cartel, el Zoológico de Dragones. A medida que se acercaban, el ratón daba más órdenes.

—Es mejor que se queden aquí fuera de la vista. Iré a ver qué está pasando.

Con eso, el intrépido ratón se bajó de la espalda del Sr. Dragón y se dirigió hacia el zoológico. Se fue por mucho tiempo, y los dragones se vieron obligados a sentarse en el bosque al borde de la aldea y esperar su regreso.

Estaba muy oscuro, y los dragones escucharon al ratón antes de verlo. De hecho, lo que escucharon no sonó como un ratón. Era un tintineo metálico que al principio ninguno de ellos pudo identificar. Se asomaron a la oscuridad, y finalmente, pudieron ver al ratoncito tirando de algo detrás de él.

—Bueno, al menos podrían darme una mano —dijo el ratón cuando se acercó lo suficiente para hablar con ellos.

Los dragones se adelantaron, y finalmente pudieron ver con qué había estado luchando el ratón. Era un gran aro de llaves. El Sr. Dragón podía recogerlo fácilmente, pero le había costado mucho esfuerzo al ratón arrastrarlo desde el zoológico.

—Ahí lo tienen. Esas son las llaves del zoológico. Eran demasiado pesadas para que yo las arrastrara hasta las cerraduras, pero ustedes podrán manejarlas fácilmente.

Los dragones estaban asombrados, y por un segundo, solo miraron fijamente al ratón.

—Entonces, adelante —ordenó el ratón—. No tienen mucho tiempo antes de que amanezca, y querrán estar lejos de aquí para entonces.

Los dragones se dieron la vuelta y corrieron hacia el zoológico.

—No olviden recogerme antes de volver a la montaña —les gritó una pequeña voz mientras se iban.

En silencio, los dragones entraron al zoológico usando las llaves que el ratón había robado. Allí, se enfrentaron a fila tras fila de jaulas, y se movieron de una a otra y dejaron salir a los dragones cautivos. Mientras el padre de Claudio abría las jaulas, su madre se adelantó, tratando de localizar la jaula en la que estaba su hijo. A medida que avanzaba, no dejaba de gritar su nombre.

—Claudio, Claudio —llamaba—. ¿Dónde estás? —En cada jaula, preguntaba si el dragón había visto a su hijo y le decía que su esposo estaría pronto con las llaves para liberarlos. Nadie había visto a Claudio, y su madre se estaba poniendo frenética.

Finalmente, dobló una esquina y vio a su hijo acurrucado en la parte de atrás de una pequeña jaula. Ella estaba llorando, y tomó la mano de su hijo mientras esperaban que su padre viniera a abrir la jaula.

Al final del rescate, más de treinta dragones fueron liberados, y salieron del zoológico y volvieron a subir hacia las montañas y bosques donde habían vivido antes de que el mago los capturara.

Claudio y su familia no pudieron volver directamente a casa. Primero tuvieron que volver al lugar donde habían dejado al valiente ratoncito. Lo encontraron profundamente dormido debajo de una hoja seca donde podrían no haberlo visto si no hubiera estado roncando tan fuerte.

La Sra. Dragón lo puso en su espalda para el viaje a casa mientras el Sr. Dragón llevaba a Claudio. Tanto el ratón como el joven dragón durmieron profundamente durante todo el viaje. Cuando finalmente llegaron a su cueva, los dragones colocaron a su hijo dormido en su cama y luego muy suavemente bajaron al ratón roncador de vuelta a su pequeño agujero, que afortunadamente se había secado para entonces. Ninguno de los dos se despertaría durante varias horas.

Capítulo 18: El duende y la princesa

La princesa Ana era una niña mimada. Primero, era una princesa, pero también era hija única y la niña de los ojos del rey.

Tenía todos los juguetes que puedas imaginar. También tenía tres ponis, dos perros, y un pequeño mini palacio que incluso tenía un foso alrededor. Debido a que era malcriada y nunca fue disciplinada, la princesa Ana era muy traviesa. Nunca escuchaba a su niñera ni a las criadas, e incluso ignoraba a la reina. De vez en cuando escuchaba a su padre, el rey, pero como él la quería tanto, y como a menudo estaba fuera supervisando su reino, rara vez la disciplinaba cuando debía hacerlo.

El resultado de este mal comportamiento fue que Ana era muy impopular con el personal en el palacio. Ninguno de los trabajadores de la casa real quería tener nada que ver con la joven princesa, y evitaban trabajar para ella. En cuanto al personal de palacio, cuidar de la princesa era un trabajo que consideraban un castigo.

A la princesa Ana no le importaba el personal. Le gustaba hacer lo suyo, y sabía que al final del día, por ser una princesa, todos tendrían que hacer lo que ella les dijera, aunque no les gustara. El problema de la situación era que el personal real evitaba a la princesa y, como resultado, a menudo se encontraba sola cuando debería haber alguien que la atendiera.

Esto se volvió malo por la noche cuando no podía dormir. Normalmente, si una princesa no podía dormir, había una criada esperando para poder traer un vaso de leche y quizás leerle un cuento hasta que estuviera lista para dormirse. A menudo, en el caso de Ana, las criadas se habrían escabullido a algún lugar para mantenerse alejadas de la princesa. Ana podría despertarse y encontrarse sola y sin nadie que la ayudara.

Fue en una ocasión en la que se encontró despierta durante la noche que Ana vagaba por los jardines del palacio. El palacio estaba amurallado y fuertemente custodiado, así que no había duda de que estuviera en peligro. De todas formas, encontraba bastante aterrador vagar entre los enormes árboles, setos y parterres de flores que formaban los magníficos jardines del palacio. Había sombras oscuras, y la noche estaba llena de ruidos extraños, y aunque en su mente sabía que estaba a salvo, la princesa Ana se asustó bastante.

A medida que se sentía más y más incómoda en la oscuridad, decidió que volvería a la comodidad de su cama, aunque todavía estaba muy despierta. Al volverse a casa, vio una pequeña figura que se precipitaba por el camino que tenía delante. En su mente, parecía un duende, pero estaba convencida de que los duendes no existían realmente y que solo eran historias que la gente inventaba en los cuentos populares.

La princesa Ana no estaba segura de qué hacer ahora. ¿Se había imaginado esta pequeña figura, y debería continuar su camino a casa y fingir que nunca la había visto? Estaba más segura que nunca de que no podía dormir cuando llegara a su cama. A medida que caminaba se tranquilizaba, se convenció de que lo que había visto no existía y que era solo su imaginación. Poco a poco fue avanzando. Tan pronto como se movió, notó la pequeña figura corriendo delante de ella otra vez.

Ana estaba dividida entre el miedo y la ira. Era una princesa. ¿Quién era esta pequeña criatura que corría por los jardines de su palacio en medio de la noche?

—¿Quién eres? —gritó, tratando de parecer más valiente de lo que realmente era.

La pequeña figura dejó de correr y se dio la vuelta. Con cautela, la princesa se acercó a la criatura, que se quedó de pie esperándola con calma. Al acercarse, la princesa supo que se trataba de uno de los duendes legendarios de los que había oído hablar. El duende parecía despreocupado de estar en presencia de una princesa real.

—¿Quién eres y qué estás haciendo en mi jardín? —preguntó la princesa, tratando de parecer más segura de lo que se sentía.

—Mi nombre es Maddock, el duende.

—Bueno, soy la princesa Ana, y ¿qué estás haciendo en mi jardín?

—Sé muy bien quién eres —dijo el duende—. Eres la princesita mimada de la que todo el mundo habla. En lo que a mí respecta, este jardín es tan mío como tuyo. Mis antepasados han vivido aquí durante más de mil años, y no voy a dejarme llevar por una princesita malhumorada.

La princesa se sorprendió. No estaba acostumbrada a que nadie le respondiera, y ciertamente no a que nadie le dijera que era mimada.

—¿Cómo te atreves a hablarme así? —dijo—. ¿No sabes que con una sola palabra al rey, podría hacer que te arranquen la cabeza?

El duende no parecía ni remotamente asustado. En vez de eso, hizo una especie de ruido de zumbido.

—Oh, por favor —suspiró—. Después de mil años de vivir codo con codo con ustedes los humanos, ¿crees que les tenemos un poco de miedo?

—Bueno, será mejor que lo tengas. Soy una princesa real, y nadie me hablará así, y mucho menos un pequeño duende.

—Bueno, veo que los rumores de que eres una niña malcriada y mandona son absolutamente ciertos —dijo Maddock—. Creo que ya es hora de que alguien te enseñe buenos modales, y está claro que nadie del personal del palacio va a hacerlo. Parece que el trabajo va a recaer en mí. —con eso, el duende chasqueó sus pequeños dedos, e instantáneamente, la princesa se redujo a un tamaño que no era más grande que él.

La princesa jadeó. De repente, de ser una princesa de tamaño normal, se encontró como una criatura diminuta no muy diferente a la que estaba delante de ella.

—¡Cómo te atreves! —gritó con una nueva y diminuta voz—. Soy una princesa real, y no seré tratada así.

—Bueno, en realidad, su alteza real, es demasiado tarde. Ya has sido tratada así. De hecho, si continúas comportándote tan mal, me encargaré de que seas tratada mucho peor. Ahora, creo que es hora de que empieces a aprender haciendo algunas tareas para que entiendas mejor cómo es la vida para la gente corriente.

Con eso, el duende se puso en marcha y se adentró en el bosque. La princesa se paró y lo vio desaparecer entre los árboles.

—¿Qué haces ahí parada? —preguntó tan pronto como se dio cuenta de que ella no lo seguía—. Vamos, chica, sígueme y date prisa.

—No te seguiré. ¿Quién te crees que eres?

El pequeño duende no dudó ni un segundo. Dio un chasquido de sus dedos, e instantáneamente una gran verruga creció en el lado de la nariz de la princesa. La princesa Ana estaba horrorizada, y dio un grito de asombro.

—A menos que quieras encontrarte cubierta de verrugas de pies a cabeza, puede que sea una buena idea que empieces a escuchar mis órdenes más rápidamente —dijo Maddock.

La princesa Ana estaba demasiado sorprendida como para discutir, y mientras el duende se daba la vuelta y seguía su camino, se escabulló tras él, temerosa de que la castigara con otra verruga. No habían ido muy lejos cuando llegaron a una pequeña puerta en la base de un roble gigante. Ana había visto ese gran árbol a menudo antes, pero nunca había notado la pequeña puerta en su base. Maddock abrió la puerta y entró en la pequeña habitación que ocupaba el interior del roble. Por un momento, Ana dudó, pero luego ella también atravesó la puerta y se encontró en una pequeña y acogedora casa que nunca hubiera sabido que existía.

—¿Ves esa chimenea de ahí? —preguntó, señalando el hogar—. Hay que limpiarla, y después de eso, tendrás que ir a buscar leña y encender el fuego para poder hacer la cena.

Ahora Ana se estaba molestando. Era una princesa, y no estaba acostumbrada a que le dijeran qué hacer o a que le dijeran que hiciera tareas que solo eran adecuadas para un sirviente.

—Ciertamente no lo haré —respondió—. Soy una princesa del más alto nivel, y ese es un trabajo para un sirviente.

El pequeño duende no dudó ni un segundo. Dio un rápido movimiento de sus dedos, e instantáneamente la princesa sintió otra verruga crecer en el costado de su nariz. Poco a poco la princesa se dio cuenta de que ya no tenía el control. A este duende no le importaba si era o no una princesa, y por primera vez en su vida, Ana se dio cuenta de que no tenía ninguna opción.

Con gran dificultad, porque no estaba acostumbrada a hacer tareas, la princesa se puso a limpiar la chimenea. Para su disgusto, descubrió que era un trabajo duro y sucio, y pronto su precioso camisón rosa se untó con hollín y polvo de carbón. No tuvo más remedio que continuar, no fuera que el duende le pusiera otra verruga en la cara. La princesa siempre se había enorgullecido de su belleza, y la aparición de estas verrugas fue devastadora para ella.

Una vez que limpió la chimenea, el duende la envió al bosque para recoger madera y leña, que luego la obligó a usar para encender un fuego. Como nunca antes había encendido un fuego, Ana encontró que todo el trabajo era mucho más difícil de lo que había imaginado. En dos ocasiones, su intento de encender un fuego se apagó, y Maddock le gritó. En la tercera ocasión, estalló en lágrimas, y el duende se apiadó de ella y finalmente encendió el fuego él mismo.

Cuando el fuego estaba ardiendo, el duende puso una olla de sopa sobre las llamas para empezar a calentarse. No era el tipo de comida a la que la princesa estaba acostumbrada, pero, para entonces, el frío de la noche y trabajo duro la habían cansado y hecho pasar hambre. Esperaba la sopa con más ganas de lo que pensaba. El problema era que no era para ella.

Tan pronto como la sopa estaba burbujeando en su olla, el duende tomó un tazón y se sirvió una gran porción. Ana se sentó y observó como él comenzó a comer y luego preguntó si había algo para ella.

—Esta buena comida no es para los sirvientes —dijo Maddock indignado—. ¿Tus criadas y sirvientes comen la misma comida y pastel que tú tienes en tu mesa? No lo creo. De hecho, sospecho que eres una princesita tan mimada que no tienes ni idea de lo que comen tus sirvientes.

El duende continuó sorbiendo su sopa caliente, y Ana solo podía quedarse mirando con la boca abierta. Por primera vez en su vida, se dio cuenta de que lo que él decía era correcto. No tenía ni idea de lo que comían sus criadas y los otros sirvientes del palacio. Todo lo que sabía era que siempre tenía la mejor comida ante ella.

Cuando el duende terminó de comer, le dio a Ana el tazón para que lo lavara. Solo cuando ella lo lavó y lo puso de nuevo en su pequeño armario le dio un trozo de pan seco para que lo masticara. Estaba rancio y era horrible, pero para entonces la princesa estaba tan hambrienta que se lo comió de todas formas.

Mientras estaba sentada en la esquina, masticando la corteza seca del pan, se formaron lágrimas en los ojos de Ana. Echaba de menos los maravillosos pasteles que le habrían servido en el palacio; echaba de menos la leche caliente que podría haber pedido en cualquier momento, y sobre todo, echaba de menos el confort y el calor que una cama acogedora le habría proporcionado si no se hubiera levantado esa noche.

El duende se volvió y la miró, y ella trató de ocultar sus lágrimas.

—Creo —dijo—, que tal vez sea hora de que te lleve a casa. Espero que la pequeña aventura de esta noche te haya enseñado a ser una persona más amable y considerada.

Con eso, el duende abrió la puerta y volvió a salir al oscuro bosque. Esta vez Ana no dudó ni un segundo. Lo siguió inmediatamente, esperando desesperadamente que él la llevara de vuelta al palacio.

El sol comenzaba a iluminarse en el horizonte cuando, finalmente, el pequeño duende la llevó a las puertas del palacio. Se volvió y la miró durante mucho tiempo, y ella se puso delante de él sintiendo miedo pero también un poco de vergüenza. Ella comprendió ahora que mucha gente vivía vidas diferentes a la vida privilegiada que ella vivía. Por primera vez en su vida, comprendió lo mimada que era y lo afortunada que siempre había sido.

—Bueno, mi joven princesa —dijo Maddock con una leve sonrisa en su rostro, la primera que vio desde que lo conoció—. Sospecho que esta noche ha sido una gran experiencia de aprendizaje para ti. Espero que en el futuro, tengas un acercamiento más amable con la gente que trabaja para ti.

—Oh, lo haré, lo haré —prometió sinceramente.

—En ese caso, te daré las buenas noches —y con eso, el pequeño duende se dio la vuelta y se fue.

—¿Qué hay de mis verrugas... y mi tamaño? —La princesa sonaba bastante desesperada.

—Oh cielos, casi me olvido de eso —dijo Maddock. Se volvió hacia la princesa, y esta vez realmente sonreía. Era una sonrisa bastante bonita, y Ana no pudo evitar sonreírle, aunque estaba desesperada por volver a ser la misma de antes. Maddock hizo dos chasquidos rápidos con sus dedos, y Ana se transformó de nuevo en la hermosa princesa que siempre había sido. Incluso su camisón, una vez negro con polvo de carbón, estaba limpio de nuevo. No pudo evitar frotarse la nariz con los dedos para asegurarse de que las verrugas ya no estaban allí.

Observó durante unos segundos cómo Maddock desaparecía entre las sombras, y luego entró en el palacio y se escabulló a su habitación. Se prometió a sí misma que nunca más daría por sentado a su criada o a los otros sirvientes. Incluso cuando se estaba durmiendo y la cama estaba alcanzando esa temperatura cálida y profunda que tiene justo antes de dormirse, se frotó suavemente el borde de la nariz para asegurarse de que sus verrugas habían desaparecido.

Capítulo 19: La princesa sencilla

Hace muchos años, en lo alto de las montañas, había un reino conocido como el Reino Dorado. Estaba gobernado por un rey muy popular cuya gente lo amaba mucho. El rey no tenía hijos, pero sí tres hijas. Se llamaban Carlota, Ariel y Constanza.

Ariel y Constanza eran más jóvenes que su hermana, y ambas eran muy hermosas. A medida que crecían, eran frecuentemente cortejadas por jóvenes ricos y los príncipes del reino. Carlota, que un día se convertiría en la heredera del trono, era lamentablemente sencilla.

Cuando eran jóvenes, Carlota no era consciente de su falta de belleza. Sin embargo, a medida que crecían, la atención de sus dos hermanas menores se hizo más y más evidente. Durante años, Carlota intentó ignorar este problema y fingir que todo estaba bien. Por desgracia, cuando empezó a convertirse en una joven, el hecho de que todos los jóvenes del reino prefiriesen a sus hermanas le dolió mucho.

El rey, por desgracia, no lo entendió. Pensó que porque Carlota sería un día la reina del reino, eso compensaría el hecho de que no era tan hermosa como sus dos hermanas menores. No solo sus hermanas eran más hermosas que ella, sino que también eran mucho más seguras y extrovertidas y siempre estaban invitadas a fiestas, picnics y bailes. Mientras estaban fuera, Carlota se encontraba sola en el palacio, donde pasaba la mayor parte del tiempo leyendo o paseando por los jardines del palacio.

A pesar de su aspecto sencillo, Carlota era la favorita del personal del palacio. Ariel y Constanza eran egocéntricas y vanidosas. Carlota, por otro lado, era amable y gentil, y los que trabajaban para ella apreciaban su naturaleza más agradable.

La madre de Carlota había muerto poco después del nacimiento de su tercera hija. Carlota se preguntaba a menudo si había sido capaz de hablar con su madre y explicarle sus problemas si su madre podía haberla guiado en cuanto a lo que debía hacer. Ella amaba mucho al rey, pero él era un hombre, y no parecía apreciar el dolor que ella sentía por ser mucho menos bella que sus hermanas.

Carlota tenía una sirvienta llamada María. Era una anciana que había sido la sirvienta de su madre antes de morir. Probablemente era la persona más cercana a Carlota. María miró con preocupación al ver lo infeliz que se había vuelto la princesa. Carlota comía menos y perdía peso, pero, lo más importante, María sabía que no estaba durmiendo bien y a menudo pasaba la noche deambulando por el palacio o leyendo libros a la luz de una vela.

La falta de sueño de Carlota preocupaba a María más que cualquier otra cosa. La vieja sirvienta era inteligente, y sabía por experiencia que el sueño era importante. El sueño podía evitar que la mente se perturbara, que el corazón se doliera, y que el cuerpo fuera cauteloso. María hablaba a menudo con Carlota sobre sus problemas, pero parecía incapaz de asegurarle que, con el tiempo, su aspecto dejaría de ser importante. Si se convertía en una amada reina de la forma en que su padre era amado por la gente, sería su bondad y su naturaleza gentil la que tendría que brillar. María tenía la edad suficiente para saber que las miradas hermosas eran como una sombra pasajera y que no durarían para siempre. La amabilidad sería algo que le duraría a Carlota el resto de su vida.

Finalmente, María se preocupó tanto por la princesa Carlota que hizo que visitara a una bruja llamada Teodora la sabia. María tuvo que ser cuidadosa con este arreglo porque sabía que el rey no estaría feliz si sabía que la princesa estaba consultando a las brujas. María también sabía que Teodora era una mujer muy, muy sabia y no una bruja mala como muchas otras.

Teodora, la sabia, vivía en una pequeña cabaña aún más alta en las montañas que el palacio. María tuvo que inventar una excusa para llevar a Carlota a su casa de manera que no despertara las sospechas del rey. Lo que hizo María fue esperar a que las dos princesas más jóvenes fueran invitadas a una de sus muchas fiestas, y luego llevó a Carlota de picnic. Sabía que el rey aceptaría esta excusa, y él no sabría que acababan de visitar a la sabia bruja mientras estaban fuera.

María empacó cuidadosamente una gran canasta con toda la comida, golosinas y bebidas que uno esperaría llevar a un picnic. Tomó una manta para que se sentaran y también tuvo cuidado de incluir regalos para la bruja sabia. Una vez que reunió todo lo que necesitaban, llamó a Carlota y la llevó por un estrecho y sinuoso camino que las llevó a las montañas donde estaba la casa de la bruja. Fue un largo viaje, y la subida fue muy empinada. Durante todo el camino, Carlota no dejaba de preguntarle a María adónde iban y por qué tenían que ir tan lejos solo para un picnic. Todo lo que María podía hacer era decirle que tuviera paciencia y que tarde o temprano, todo sería revelado.

Les llevó más de una hora hasta que finalmente dejaron el empinado camino y entraron en un pequeño claro en el que había una pequeña cabaña de madera. María se sintió aliviada de que hubiera humo saliendo de la chimenea, ya que esto le aseguraba que la bruja estaba en casa. Al frente del camino, María se acercó a la puerta y golpeó suavemente.

Una pequeña anciana abrió la puerta, al menos un pie más baja que Carlota. María presentó a la joven princesa, pero estaba claro que Teodora ya sabía quién era.

—Eres la princesa mayor que algún día será reina —dijo.

—Sí, lo soy, pero ¿cómo lo supiste? —preguntó Carlota.

—Puede que sea vieja y esté casi ciega, pero Teodora ve muchas cosas que la gente normal no puede ver —dijo con una pequeña voz chispeante que Carlota encontró bastante encantadora.

Teodora las guió a la pequeña cabaña y ofreció a la criada y a la princesa asientos junto a un pequeño fuego sobre el que colgaba un caldero de sopa de delicioso olor.

—¿Qué las trae a ustedes dos, señoras, desde el palacio real hasta mi pequeña cabaña? —preguntó Teodora.

María nunca le había explicado a Carlota que traía a la princesa a ver a la bruja sabia para consultarle sobre su aspecto sencillo, así que Carlota estaba un poco desconcertada sobre por qué estaban allí.

—La princesa Carlota tiene dos hermanas muy hermosas —explicó María a la sabia bruja—. Le preocupa que recibe mucha menos atención de muchos de los jóvenes caballeros y príncipes, y siente que su aspecto es demasiado sencillo. Esperaba que pudiera convencer a nuestra joven princesa de lo poco importante que es su belleza y hacerla entender que es su bondad y su naturaleza amable lo que hay que valorar.

La vieja bruja asintió y luego se acercó a la princesa y le miró cuidadosamente a la cara. Durante mucho tiempo, estudió a la princesa, y Carlota comenzó a sentirse incómoda al examinarla de cerca.

—Creo que te equivocas, María —dijo la vieja bruja—. La belleza es muy importante, especialmente en alguien que un día será la reina más importante del país. Pero también creo que lo que no ves es la belleza interior que existe en la princesa Carlota. Para ser honesta contigo, he visto muchas doncellas hermosas, y esta joven princesa es la más hermosa de todas. El problema que tenemos es que no ha reconocido lo hermosa que es. Lo que necesitamos es una forma de mostrarle a Carlota su propia belleza y no una forma de hacerla más bella de lo que ya es. Creo que tengo justo lo que se necesita.

La vieja bruja se dio la vuelta y abrió una gran caja de madera que estaba junto a la chimenea. Cuando entraron en la casa, Carlota pensó que contenía leña, pero ahora, incluso con la luz apagada, veía que la caja estaba llena de pociones, botellas, tarros y otras cosas que la princesa no podía identificar.

La bruja buscó en el fondo de la caja, y de ahí sacó una bolsa de terciopelo negro. Le dio esto a la princesa y le dijo que lo abriera y sacara lo que encontrara dentro. Carlota metió la mano en la bolsa, sintiéndose un poco nerviosa por ello. Lo que encontró dentro fue un espejo de mano con un hermoso marco dorado y un asa decorada con nácar.

—Ahora mírate en el espejo —ordenó la bruja.

Carlota hizo lo que le dijo y se sorprendió al ver que el reflejo que la miraba era el de una hermosa joven. Pudo ver que la mujer era ella misma, pero de alguna manera su rostro había cambiado ligeramente, y ya no era la simple princesa que siempre había visto mirándola desde los muchos espejos que colgaban en las paredes del palacio. El reflejo sorprendió y deleitó a la princesa al mismo tiempo. Tomando el espejo, corrió afuera para poder verse con la luz más brillante. Temía que cuando se mirara en el espejo, viera el simple reflejo que había utilizado a lo largo de los años. Para su deleite, la imagen que miraba era tan asombrosamente hermosa como lo había sido en la casa de campo.

—¿Qué has hecho? ¿Por qué me veo tan hermosa cuando me veo en este espejo? —preguntó cuando volvió a la casa.

—No he hecho nada, mi niña. Todo lo que he hecho es darte un espejo que te permite verte como realmente eres. Lo que no entendiste es que la belleza de tus hermanas se desvanecerá de la misma manera que los pétalos de una rosa. Lo que tú posees, y lo que no has reconocido, es una belleza profunda y permanente que no desaparecerá cuando envejezcas.

Después de eso, se sentó en el picnic que María había preparado y la sopa hirviendo a fuego lento. María y la sabia Teodora charlaron mientras comían, pero Carlota se quedó callada mientras reflexionaba sobre la información que había recibido de la vieja bruja. Comió todo lo que le pusieron delante por cortesía, pero preferiría haberse mirado otra vez en el espejo.

Cuando comieron, María y Carlota se prepararon para volver al palacio.

—Llévate este espejo contigo —instruyó la bruja—. De ahora en adelante, cuando te imagines que eres simple o poco atractiva, quiero que te mires en el espejo para recordarte quién eres realmente y lo que el resto del mundo ve.

Antes de que las dos pudieran partir, Teodora llevó a María a un lado y le dio una pequeña botella de poción.

—Puedo ver, mirándola a los ojos, que la niña no ha dormido bien. Todas las noches echa dos gotas de esta poción en su cena, y dormirá profundamente —instruyó Teodora—. El sueño fortalecerá su moral y le dará confianza, lo que será importante cuando se convierta en reina.

Cuando volvieron al palacio, María hizo lo que la sabia bruja le había ordenado, y después de eso, Carlota no volvió a tener problemas de sueño. El rey nunca descubrió su visita a la bruja que vivía en lo alto de las montañas. Es cierto que no le habría gustado, pero reconoció que su hija ya no estaba triste. Pronto llamaron príncipes, caballeros y jóvenes ricos de todo el reino y de otras tierras, cada uno buscando la mano de la hermosa princesa Carlota.

Pasarían muchos años antes de que ella eligiera a un príncipe para que se convirtiera en su marido. Cuando su padre murió, la reina Carlota fue más querida por el pueblo que el rey. Era sabia y justa, pero más que nada, era gentil y amable.

Tal como la bruja había predicho, la belleza de Ariel y Constanza se desvaneció con la edad, y la belleza interior que siempre había existido en Carlota brillaba cada vez más fuerte. Siempre sería conocida como la Reina Bella.

Capítulo 20: El último de los unicornios

Una vez, los unicornios solían vivir en paz junto a la gente. Compartían los mismos valles, montañas y bosques, y nunca hubo problemas entre ellos. Los unicornios eran tímidos, pero debido a que se habían acostumbrado a los humanos, habían llegado a confiar en ellos.

Y entonces, un día, una cosa triste sucedió. Un unicornio murió, y un hombre caminando por la hierba encontró su cuerno. En lugar de dejarlo allí donde había caído, lo recogió y se lo llevó a casa. Era una cosa hermosa, y el hombre decidió que intentaría tallarlo en algo útil. Sacó su navaja de bolsillo y comenzó a tallar, y pronto descubrió que el cuerno era suave y se tallaba como la mantequilla. Además, a medida que lo tallaba y le daba forma, el cuerno se volvió aún más hermoso de lo que había sido antes. El hombre convirtió el cuerno en una pipa, y cuando hubo tallado, formado y pulido, la pipa era tan hermosa que se la ofreció al rey.

El rey vio la pipa y se dio cuenta de que nunca había visto algo tan maravilloso. Quedó tan impresionado que recompensó al hombre que la había tallado, y le dio tanto oro como el hombre ganaría normalmente en un año. Fue entonces cuando las cosas se pusieron feas. Los humanos, por naturaleza, son codiciosos, y cuando el hombre que talló la pipa vio lo grande que era su recompensa, decidió que quizás podría encontrar otro cuerno y hacer otra pipa.

Pasó días vagando por las colinas y valles buscando cuernos de unicornio, pero no encontró ni uno solo. Lo que sí vio fueron muchos unicornios. Eventualmente, decidió que como no podía encontrar un unicornio, mataría uno y tomaría su cuerno para él. Ya era un buen cazador, y los unicornios confiaban en los humanos, así que le fue fácil matar a uno con su arco y flecha. Rápidamente le cortó el cuerno y regresó a su casa, donde una vez más comenzó a tallar.

Esta vez hizo dos finas cucharas con el cuerno. Estaban tan delicadamente talladas y eran tan hermosas que tan pronto como el rey las vio, le dio al hombre un pequeño saco de oro y ordenó varias más. Para los unicornios, este fue el comienzo de una época terrible. El primer hombre comenzó a cazarlos, pero cuando vieron lo rico que se había hecho, otros hombres también cazaron unicornios por sus cuernos.

El líder de los unicornios era un gran semental llamado Trueno. Convocó a los unicornios a una reunión en uno de los valles de las tierras bajas, y discutieron este nuevo y terrible estado de cosas. Pronto acordaron que ya no se podía confiar en los humanos, así que Trueno llevó a su manada a lo alto de las montañas donde estaban más empinadas y cubiertas de espesos bosques y niebla. Allí los unicornios han permanecido durante muchas generaciones. Cada nueva generación les dice a sus hijos lo peligrosos que son los humanos y lo codiciosos que pueden llegar a ser. Se aseguran de que los jóvenes conozcan el peligro de los humanos y que siempre deben esconderse de ellos.

Los humanos no han visto unicornios durante muchas generaciones y han llegado a creer que no existen. Con los años, se han convertido en criaturas de mitos y cuentos de hadas, y mucha gente no cree en ellos.

Este fue el caso de una joven llamada Cassandra. Había oído hablar de los unicornios; de hecho, jugaba con uno de plástico en su dormitorio. Aun así, era lo suficientemente lista para saber que no eran reales. Y entonces un día, fue a visitar a su viejo abuelo, y en su casa, se encontró con una cuchara que era la cosa más hermosa que había visto. Se la llevó a su abuelo, y él le dijo que una vez perteneció a su bisabuelo y que la había tallado en el cuerno de un unicornio. El hombre le dijo a su nieta que mucho antes de que él naciera, los unicornios solían alimentarse de la dulce hierba del valle en la parte de atrás de su casa.

Cassandra no creía realmente en su abuelo y en sus viejos cuentos de hadas, pero como no tenía nada mejor que hacer, paseaba por el campo mientras los otros adultos hablaban de cosas aburridas.

Al mismo tiempo, un joven unicornio llamado Epiticus se aburría en las montañas. Había oído las feroces leyendas que todos los unicornios mayores contaban sobre los crueles humanos que bajaban por las laderas, pero no estaba seguro de si eran reales o no. A menudo pensaba que eran algo de lo que hablaban los unicornios mayores para asustar a los jóvenes para que se quedaran cerca de casa. Era curioso y aburrido, y eso siempre es una combinación peligrosa en cualquier criatura joven. Mientras los otros unicornios vagaban y pastaban entre los árboles del bosque, Epiticus se escabulló de la manada y se dirigió hacia la montaña.

No tenía intención de ir lejos. Solo estaba aburrido, y no creía en estos feroces humanos. Sin embargo, cuando bajó de la montaña, se dio cuenta de que el bosque se había vuelto mucho más delgado, y había prados llenos de la hierba más dulce que jamás había probado. Se preguntó por qué los otros unicornios no se movían allí abajo para que todos pudieran disfrutar de la buena comida que tanto vio.

Epiticus estaba a punto de dar la vuelta y volver al bosque alto cuando notó una extraña criatura, como nunca antes había visto. Exactamente en el mismo momento, Cassandra levantó la vista y se encontró mirando uno de los animales más hermosos que había visto en su vida. Los dos jóvenes se miraron fijamente durante varios minutos, preguntándose ambos qué hacer.

Epiticus sacudió un poco la cabeza y la joven sonrió. El unicornio pensó que ella se veía bien, así que sacudió la cabeza de nuevo y se acercó un poco más. Cassandra estaba encantada, y ella también dio unos pasos adelante. Eventualmente, el joven unicornio y la joven chica se encontraron cara a cara.

—¿Quién eres? —preguntó Epiticus.

—Me llamo Cassandra —respondió—. ¿Quién eres tú?

—Me llamo Epiticus. ¿Eres un ser humano? —Epiticus pensó que era probablemente descortés hacer tal pregunta, pero no pudo evitarlo.

—Sí, por supuesto, lo soy, tonto —se rió Cassandra.

—¿Vienes a cazarme para poder cortarme el cuerno? —preguntó el joven unicornio, sintiéndose alarmado por primera vez.

—No, por supuesto que no —respondió Cassandra, sintiéndose muy sorprendida—. Me encantan los unicornios y creo que son las criaturas más hermosas de la tierra. ¿Por qué crees que podría hacerte daño?

Epiticus miró a la chica, y luego le contó las horribles historias que había oído sobre los humanos y sobre lo peligrosos que eran.

—Eso es tan falso —dijo Cassandra—. ¿Por qué alguien querría dañar a una criatura tan gentil y guapa como tú?

En ese momento, Cassandra recordó la cuchara que su abuelo le había mostrado y sus palabras que estaba hecha del cuerno de un unicornio. La idea le dio escalofríos, y decidió que era mejor no mencionárselo a Epiticus.

Los dos jóvenes charlaron sobre otras cosas durante más de una hora, pero luego se dieron cuenta de que se estaba haciendo tarde y que tendrían problemas si no volvían pronto a casa.

Cuando ella entró por la puerta de la casa de su abuelo, él levantó la vista y se rió.

—Bueno, Cassandra. ¿Viste algún unicornio?

Cassandra miró la cuchara que había estado admirando antes.

—No, abuelo —respondió—. Sabes que esas criaturas son solo un cuento de hadas.

Cuando Cassandra estaba en la cama esa noche, pensó en un hermoso unicornio blanco llamado Epiticus. El hecho de que lo había visto siempre permanecería como su secreto. Nunca lo volvería a ver de verdad, pero Cassandra estaba feliz de saber que los unicornios realmente existían. De hecho, una cosa extraña sucedió después de eso. Cada noche, mientras yacía con los ojos cerrados y comenzaba a disfrutar del suave calor de su cama, un unicornio blanco la visitaba en sus sueños. Ella lo veía al otro lado de un verde prado, y mientras respiraba, él movía su cabeza y le hacía saber que estaba allí y que la cuidaba mientras dormía.